Hans Haid

Erlebnis-Wandern!

Ötztal

Sagen und Mythen entdecken

Mythische Orte, Kultplätze, Schalensteine

Ötztal-Archiv
Schriftenreihe
Band 20

Tyrolia-Verlag · Innsbruck-Wien

Vorwort

Das Ötztal gilt als eine der reichsten Sagenlandschaften der Alpen. Mehr als 130 Sagen hat Christian Falkner gesammelt und 1963 im „Ötztaler Buch" der Schlern-Schriften, Band 229, veröffentlicht. Insgesamt sind jetzt mehr als 180 Sagen bekannt. Kennzeichnend und einzigartig sind die Sagen von Gletschern („Ferner" genannt) und von den saligen Fräulein bzw. Frauen als den „Herrinnen der Tiere", von den Disen, der Dana, der Langtüttin. Sie leben auf den höchsten Höhen, speziell im Kristallpalast der Gletscher. Eine Besonderheit sind die Sagen von der kalten Pein als dem alpinen Fegefeuer. Unter einigen der größten Ferner liegen geheimnisvolle goldene Städte mit Namen Tanneneh, Onanä und Dananä. Im Kern auf Wahrheit beruhend, widerspiegeln viele der altertümlichen und archaischen Sagen älteste Lebens- und Kulturformen der Alpen.

Wir folgen auf 30 Wegen den Spuren der Sagen und mündlicher Überlieferung im Ötztal. Es sind Spuren einer nachweisbar mehr als 10.000-jährigen Nutzung durch Menschen. Vor diesem Hintergrund erfährt das Landschafts- und Wandererlebnis seine Vertiefung.
In diesem Sinne wünsche ich allen Benutzern dieses Buches viele sagenhafte Entdeckungen!

Ihr Hans Haid

„Der Hairlachfall bei Umhausen", Ch. Brizzi

Inhaltsverzeichnis

Zur Benutzung des Führers

Nahezu alle Sagenwege folgen den bekannten und bezeichneten Wanderwegen. Die Zeitangaben sind als Richtwerte zu verstehen, weil dem Schauen und Innehalten genügend Zeit und Muße gewidmet werden soll. Fast alle Wanderungen und Touren orientieren sich bei den Ausgangs- und Zielpunkten nach Busstationen der öffentlichen Verkehrsmittel und sind daher auch ohne PKW durchführbar. Seit Juni 2006 fahren die öffentlichen Busse im Stundentakt.

In einigen Fällen, wie z. B. dem Fundus- oder dem Windachtal, wird die Nutzung der über die Tourismusverbände vermittelten Taxibusse empfohlen. Empfehlenswert ist es, sich vor Tourenbeginn bei den Tourismusverbänden (siehe S. 8) nach dem aktuellen Zustand der Wege sowie nach den Öffnungszeiten der Einkehrmöglichkeiten zu erkundigen oder sich den in allen Gemeinden des Tales tätigen offiziellen Wanderführern anzuschließen, die vor allem beim Entdecken der reichen Pflanzen- und Tierwelt bestens geschult sind. Im Literaturverzeichnis sind die zur Ergänzung dieses Führers empfohlenen Wanderkarten aufgelistet. Teilweise sind diese auch in den Tourismus-Informationsstellen erhältlich.

Im Laufe des Jahres 2006 erfolgt auch im äußeren Teil des Ötztales die lückenlose Aufstellung der neuen gelben Wegta-

„Ötz, erstes Dorf im Ötzthale, mit dem Aachenkopfe", Ch. Brizzi

„Zwieselstein am Trennungspunkte des Gurgl- und des Venter Thales“, Ch. Brizzi

feln in Metall mit Angabe der Schwierigkeitsgrade in mehreren Farben, mit Wegzeiten usw. gemäß den allgemeinen Richtlinien für das gesamte Bundesland Tirol. Im inneren Ötztal ist dies bereits erfolgt. Das gesamte Ötztal ist somit ausgezeichnet für den sanften Wandertourismus erschlossen.

Ein Wort zu den Abbildungen

Die Abbildungen auf dieser und auf vielen weiteren Seiten in diesem Buch stammen aus einer Serie von mehr als 30 Aquarellen mit Motiven aus den Ötztaler Alpen, die der Münchner Landschaftsmaler Charles Brizzi um 1870 gemalt hat. Die Formen der Berge und die landschaftlichen Kontraste mit den Häusern und Siedlungen sind in diesen Bildern bewusst und beinahe expressionistisch überhöht. Viele von ihnen werden hier zum ersten Mal veröffentlicht. Charles Brizzi hielt sich mehrere Sommer lang im Ötztal auf und malte dort auch im Auftrag von Franz Senn, u. a. ein viereinhalb Meter langes Panorama von der Kreuzspitze.

Notruf

Bergrettung Österreich 140
Europäischer Notruf 112
Rettung Österreich 144

Informationen

Verein Naturpark Ötztal (Mag.Thomas Schmarda in Gurgl) Tel. 0664/1210350, info@naturpark-oetztal.at; u. a. in Zusammenarbeit mit Kathrin Amprosi, Schutzgebietsbetreuung im vorderen Ötztal, Tel. 0676/9437555 (Gemeindeamt Ötz)

Ötztal Information (Vorwahl nach Österreich: 0043)
Ambach, 6433 Ötz
Tel. 05252/2269-0, Fax DW 75
eMail: info@ötztal.at
www.oetztal.at

mit örtlichen Informations- und Auskunftsstellen in:
- Haiming, Tel. 05266/88307
- Sautens, Tel. 05252/6511
- Oetz, Tel. 05252/6669
- Umhausen, Tel. 05255/5209
- Längenfeld, Tel. 05253/5207
- Sölden, Tel. 05254/510-0
- Obergurgl, Hochgurgl, Tel. 05256/6466
- Vent, Tel. 05254/8193

Öffentliche Verkehrsmittel:
Ötztaler Verkehrsgesellschaft 05254/3550
Postbuszentrum Imst 05412/66266
Verkehrsverbund Tirol: vvt.at

Ötztaler Alpen, Geschichte und Kultur:
www.similaun.at
www.cultura.at/haid
www.naturpark-oetztal.at
www.sagen.at

Wetterbericht
Alpiner Wetterdienst Österreich (kostenpflichtig)
Tel. 0900/911566-80
Alpenwetter (persönliche Beratung der Wetterdienststelle Innsbruck, Mo.–Sa. 13.00–18.00 Uhr): (0043) 0512/291600.
www.alpenverein.at/portal/Wetter/index.php

Zur Kreuzkapelle bei Sautens

Der Geist am Heachlroan

Ötztal-Bahnhof		Brücke		Sautner Kreuzkapelle		Brunau		Ötztal-Bahnhof
	↘ ½ Std.		↗ 1½ Std.		↘ 1 Std.		→ ¾ Std.	
704 m		673 m		824 m		722 m		704 m

3¾ Std.
ca. 150 Hm

Ausgangspunkt: Ötztal-Bahnhof.
Gehzeit / Höhenunterschied: 3–3½ Std., ca. 150 Hm.
Wegbeschaffenheit: Schmale, aber deutlich erkennbare Wald-Wanderwege.
Einkehrmöglichkeit: Mehrere Gh. in Sautens, Ambachhof in Ambach, Ötztal-Bahnhof.
Hinweis: In den vergangenen Jahren hat der Verein Geozentrum Tiroler Oberland einen Geo- und Natur-Lehrpfad Forchet, Haiming, Sautens, Roppen aufgebaut und beschildert. Einem Teil dieses Weges folgt die vorgestellte Wanderung. Einem markanten, bisher ruhigen und eher romantischen Teil dieses Weges droht bis 2007 das Ende: Im Mündungsbereich der Ötztaler Ache ist auf etwa fünf Hektar Land das „beste Outdoorzentrum Europas“ mit eigener Zufahrt und tourismusträchtiger Infrastruktur geplant.
Info: Verein Geozentrum Tiroler Oberland, Dr. Werner Schwarz, A-6422 Stams, Schöneck 11, Tel. 05263/6298; www.geozentrum-tirol.at

An der riesigen weißen Wand des Tschirgant endet bzw. beginnt das Ötztal. Vor mehr als 10.000 Jahren endete an den Flanken dieses Berges der riesige Ötztalgletscher. Da stürzten mehrmals (zuletzt noch einmal vor etwa 3000 Jahren) 200 Millionen Kubikmeter Fels von den Flanken – Steine und Geröll mit einem geschätzten Gewicht von 500 Millionen Tonnen. Bis Imst hinauf wurde das Inntal gestaut. Von der Ache weg führten lange künstliche Wasserwege – Waale – auf die trockenen Felder von Haiming und Silz. Das Wasser war kostbar. Davon erzählt die Sage vom „Geist am Heachlroan“.

Wegverlauf

Vom **Bahnhof Ötztal** durch den Ort mit den Neubauten und dem Inn entlang zur Mündung der Ötztaler Ache in den Inn. Verborgen an einem Nebenweg des Geo-Lehrpfades (nahe der Ötztaler Ache) ist in einem riesigen Bergsturzblock der Rest einer alten Wohnhöhle erkennbar: **„Katzbabelas Küchle“**.

Der Geist am Heachlroan

„Am Heachlroan“ nennt man die Gegend gleich am Eingang ins Ötztal, nicht weit entfernt vom Bahnhof. Das ist eine nicht ganz geheure Gegend. Nächtliche Wanderer wollen früher hier oft eine Weibsperson gesehen haben. Ihrer Kleidung nach war es eine Kellnerin. Sie lief mit einem Schlüsselbund herum und fragte, wie spät es sei. Das war wohl eine büßende Seele, die einst zu Lebzeiten das Wasser im Wasserkasten zu früh verteilt hatte. Die Silzer und Haiminger leiten nämlich das Wasser von der Ötztaler Ache zum Bewässern ihrer Felder durch einen Kanal von der Brunau über den Heachlroan.
(Falkner)

„Katzbabele“, das ist die „Gatze“, also der Schöpflöffel in Verbindung mit dem „Babele“, der Barbara. Zeitweise sollen dort Menschen gehaust haben, so zur Pestzeit (um 1629), wo sie Zuflucht vor der Seuche gesucht und gefunden haben.

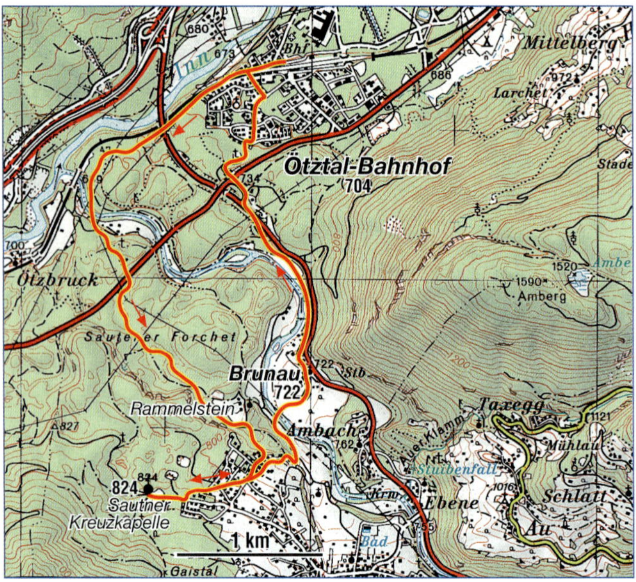

„Sautens und der Tschirgant", Ch. Brizzi

Knapp oberhalb der Bahnbrücke gehen wir über die neue Fußgängerbrücke, durch Teile des Farchat (Föhrenwald) bis zur Bundesstraße. Diese Richtung Sautens überqueren (knapp nach der Bundesstraße ist eher unauffällig an einem Steinblock ein kleiner schwarzer Teufel aufgemalt), vorbei am kleinen Weiler **Rammelstein** (interessante kleine Kapelle!) bis an den Rand von **Sautens** und zur **Kreuzkapelle**.
An **Sautens** vorbei geht es weiter nach **Brunau**. Über die Brücke zur Bushaltestelle an der Bundesstraße oder am Radweg entlang zurück zum Ausgangspunkt.

Eine andere Sage erzählt, dass dort bei der „Kapelle im Walde unter Sautens" dem großen Kruzifix Haare wüchsen. Und dem Herrgott am Kreuze sänke sein Haupt immer tiefer und tiefer: „Und sobald es sich ganz herabgesenkt hat auf die Brust, dann kommt das Ende der Welt."
Die Kreuzkapelle ist volkstümlich höchst interessant. Sie war ein beliebter Wallfahrtsort, ausgestattet mit alten Votivtafeln und Weihegaben aus Wachs, die heute leider verschwunden sind. Es sollen sich hier auch einige Teufelsvertreibungen ereignet haben. Eine inzwischen verschollene Tafel soll Nachricht davon gegeben haben, dass das Mädchen Katharina Baumann, gebürtig aus Niederthai, „von diabolischen Einflüs-

Teufelchen auf einem Steinblock im Sautener Farchat

sen" geheilt worden sei. Da sei auch der Geistliche abgebildet gewesen mit dem Mädchen, „wie ihm der Teufel durch den Mund herausfährt, und dessen Mutter in alter Tracht" (mitgeteilt durch Pater Blasius Marberger aus Umhausen in seiner Sammlung „Ötztaliana", im Bestand des Ötztal-Archivs).

Beim Sautner Kreuz

An einem Samstagnachmittag nach dem Feierabendläuten brach ein Mann von Roppen auf und wollte über Sautens nach Ötz gehen. Als er durch den Wald ging, hörte er hinter sich immer ein fürchterlich unheimliches Grunzen: „Hu, Hu, hm, hm!" Er konnte aber niemanden sehen. Diese schauerliche Stimme begleitete ihn bis zum Sautner Kreuz. Dort betete er einige Vaterunser. Als er sich wieder auf den Weg machte, hörte er die Stimme vor sich. Als ein Seitenweg nach links abbog, verließ er den Hauptweg und hörte nichts mehr. Doch bald sah er auf dem Wege, den er zuerst hatte weitergehen wollen, einen Mann ohne Kopf. Der fluchte so schändlich auf das Kreuz, dass er sich gar nie getraute, die lästerlichen Flüche zu wiederholen. (Falkner)

Durch die Auerklamm zur Hexenplatte

Die Teufelsmühle und der Stadelgeist

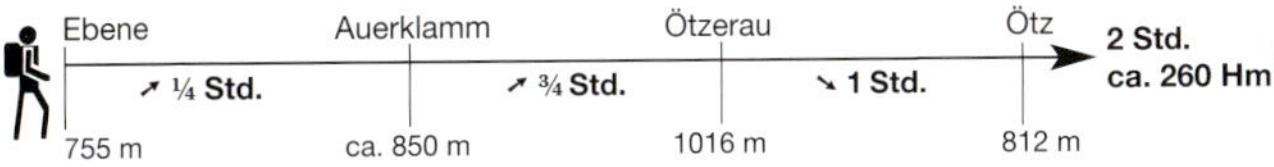

Ausgangspunkt: Bushaltestelle Ambach (Nähe zu Ötztal Information) und die Zufahrt zum Ort Ebene, beim ersten Haus links durch den Wald mit Hinweistafel „historischer Wanderweg Auenstein".
Gehzeit / Höhenunterschied: 2 Std., ca. 260 Hm.
Wegbeschaffenheit: Empfehlenswerter Panoramaweg durch eine malerische Schlucht zu beeindruckendem Aussichtspunkt.
Einkehrmöglichkeit: Gh. in Ötzerau und Ötz.

Neben der überdeckten Holzbrücke in Ebene befand sich bis zum Sommer 2005 die legendäre Teufelsmühle. Sang- und klanglos wurde sie von Baggern niedergewalzt und durch einen wenig ansprechenden Neubau ersetzt. Der dahinter ehemals eindrucksvolle Ebener Stuibenfall des Nederbaches ist seit einigen Jahren abgeleitet. Das Wasser ist weitgehend abgezapft und umgeleitet zur Wasserkraftnutzung für die Kraftwerksgruppe Silz-Kühtai. Der Teufel ist weg. Das Wasser ist weg. Aber es leben – noch immer – die Erinnerungen an die vielen Geschichten rund um die Teufelsmühle.

Die Teufelsmühle in der Ebene

Knapp am Wasserfall erblickt man die jetzt modernisierte „Teufelsmühle", die einst einem gewissen Leitner gehörte, der nicht nur ein geschickter Künstler in seinem Fach, sondern auch sonst ein erfinderischer Kopf und zudem ein origineller Kauz war. So schnitzte er zwei lebensgroße hölzerne Figuren, mit wahren Teufelsfratzen, setzte ihnen Hörner auf, machte ihnen Bocksfüße, und stellte sie als Teufel und seine Großmutter in seiner Schmiede an das Hammerwerk, das sie nun, wenn es in Betrieb ist, unter Kopfverrenkungen zu treiben scheinen. Diese beiden interessanten Schnitzwerke, mit denen sich Leitner den Teufel und seine Großmutter symbolisch zur Schmiedearbeit gezwungen hat, sind heute noch zu sehen.
Vor Jahren hat der Teufel aus der Teufelsschmiede auch einmal die gefährdete Moral und Sittlichkeit gerettet. Da munkelte man einmal, daß es in einem Hause in der Nähe von Ebene nicht ganz geheuer zuginge, wüstes nächtliches Treiben und Verletzung von Ehrbarkeit und Zucht wäre dort an der Tagesordnung. Da griffen die Ötzer, die seit jeher auf Sittenstrenge etwas gehalten und immer hochanständige Leute waren, zu einem originellen Mittel, um dem schändlichen Treiben Einhalt zu tun. Leitners Teufel war damals gerade fertig geworden, und nur wenige wußten etwas davon. In einer

Nacht, als die ausgelassene Unterhaltung wieder voll im Gange war, nahm der Teufelsschmied seinen Teufel auf die Achsel, schlich sich zum berüchtigten Haus und ließ dort plötzlich den Teufel zum Fenster hineinschauen. Kann man sich denken, wie der wüste Schwarm erschrak und auseinanderfuhr. Durch Fenster und Türen suchten die vom Teufel bedrohten Sünder und Sünderinnen das Weite, im Nu war das Nest leer, und seitdem gab es kein öffentliches Ärgernis mehr.
Ein anderes Mal wollten die Bauernburschen von Ebene die von Sautens erschrecken und paßten ihnen nächtlicher Weile an der Sautener Brücke bei Ebene mit der Teufelsfigur auf; es kamen aber nicht die Sautener Buben, sondern ein Kirchenräuber, der vor lauter Schreck, als er des Teufels ansichtig wurde, alle seine gestohlenen Sachen wegwarf und unter Todesängsten, weil er glaubte, es hole ihn der leibhaftige Teufel auf der Stelle, im Laufschritt das Weite suchte.
Leitner verstand sich sehr gut auf das Schnitzen origineller Teufelslarven und Fratzen, die bei den öffentlichen Umzügen in der Faschingszeit von den jungen Burschen vor dem Gesicht getragen wurden. Die interessantesten davon befinden sich heute im Innsbrucker Museum Ferdinandeum. (Führer durch Ötz und Umgebung, 1928)

Wegverlauf

An der bezeichneten Stelle (historischer Wanderweg „Auenstein") von der Zufahrt nach **Ebene** abzweigen und auf einem Steig mäßig steil hinauf durch die malerische Schlucht bis zur **Klammbrücke**. Vorher befindet sich an einer gekennzeichneten Stelle die Abzweigung zum **Kendlschrofen**, einer archäologische Fundstelle, an der im Jahr 2000 ca. 3000 Jahre alte Funde gemacht wurden (Abstecher, ca. ¼ Std.). Von der Brücke geht es fast eben zu den ersten Häusern von **Ötzerau** und zur Kirche. In einem alten Stadel am Weg soll der Stadelgeist hausen.
Weiter Richtung Ötz, vorbei am Weiler bzw. Hof **Klingenburg** und auf einem Sträßchen und kurzem Pfad zur bezeichneten **Hexenplatte**, einer von den Eiszeitgletschern abgeschliffenen, gegen das Tal kanzelartig vorspringenden Felsbastion

Die Hexenplatte

mit schönem Blick auf das Dorf Ötz und das vordere Ötztal. Es wird angenommen, dass sich auf dem Stein ehemals Schalen befanden. Unmittelbar daneben finden sich Mauerreste der alten Burg Auenstein. Von dort führt der Weg zum Ortszentrum **Ötz**, zuerst vorbei an der sehenswerten gotischen Kirche, dann vorbei am Museum „Turm“ und am freskengeschmückten Gasthof Stern.

Variante

Als Abkürzung kann der Abstieg von Ötzerau direkt nach Ebene gewählt werden. Der alte Steig verläuft teilweise in urtümlichen Hohlwegen und ist nicht markiert.

Der Stadelgeist

Dass man mit Geistern nicht spaßen darf, mussten einmal zwei mutwillige Schusterbuben erfahren. Am Eingang des Dorfes Ötzerau stand ein Stadel; darin war ein Geist, der das Stadeltor nie geschlossen litt. Man konnte es verriegeln und zusperren wie oft und wie fest man wollte, nach der nächsten Nacht stand es immer sperrangelweit offen. Diese zwei Schusterbuben waren eines Abends auf dem Heimwege von der Stör und verabredeten sich, wenn das Tor wieder offen sei, es dem Geist zum Trotz wieder zu schließen. Richtig, als sie zum Geisterstadel kamen, stand das Tor wieder in aller Weite offen. Die beiden gingen voll Übermut auf den Stadel zu, doch kaum hatten sie das Tor erfasst, fiel ein schwarzer Haufen von der Obertenne herab ihnen gerade auf die Hände. Sie blieben bewusstlos liegen und waren dann einige Zeit schwer krank. (Falkner)

Haderlehner Knappensteig und Piburger See

Der Opferstein von Sautens

Sautens		Haderlehn		Opferstein		Piburg		Ötz	
	↗ 1 Std.		↗ 1½ Std.		↘ 1½ Std.		↘ 1 Std.		**5 Std.**
812 m		999 m		ca. 1400 m		959 m		812 m	**ca. 590 Hm**

Ausgangspunkt: Zentrum Sautens (Autobushaltestelle).
Gehzeit / Höhenunterschied: Ca. 5 Std., ca. 590 Hm.

Wegbeschaffenheit: Mäßig steiler Wanderweg, der vorwiegend durch den Wald verläuft.
Einkehrmöglichkeit: Gh. in Piburg.

Sautens steht auf zwei Schuttkegeln. Der westliche stammt vom Bergsturz Scheidlehn-Kohlgrube, der östliche vom Karbach, Blosengraben und Bärentalgraben. Immer wieder wurden Häuser und Felder vermurt. Man erzählt sich, dass die Bewohner nach heidnischem Kult versuchten die Götter versöhnlich zu stimmen. Beim Opferstein von Sautens handelt es sich tatsächlich um einen der bemerkenswertesten Kultplätze des Ötztales. Das kleine Hochplateau von Haderlehn ist ein sehr alter Siedlungs-, Kultur- und Kultplatz. Sicherlich könnten dort auch ur- und frühgeschichtliche Funde gemacht werden. Bis zu den ehemaligen Stollen führt heute ein bezeichneter Themenwanderweg.

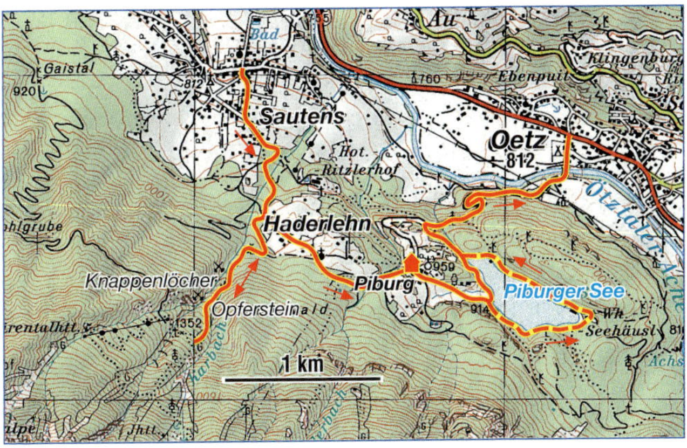

Opferstein von Sautens

Entlang der vorgenannten Rinne führt ein Steig zur Karalpe am Fuße der Sautner Plose. Beiläufig nach einstündigem Anstieg wird der Almpfad von einem gewaltigen Felsblock unterbrochen, der an seinem oberen Teile eine ungefähr sechs Quadratmeter große tischähnliche Fläche aufweist. Dieser Block trägt im Volksmunde den Namen „Opferstein". Heidnische Vorfahren sollen auf dem Felsentisch beim Alpauf- und -abtrieb ihren Göttern geopfert haben.
In der Nähe des Opfersteins hat man einst nach Gold gegraben. Noch vor nicht allzu langer Zeit sollen einzelne Bergleute auf eigene Gefahr nach dem edlen Metall geschürft und das goldhältige Erz zu Roppen auf Flößen verladen haben.
Vom Opferstein führt ein rauher Pfad zum Weiler Haderlehen. Dem Volksmunde nach hausten hier die ersten freien Bauern des Tales.
(Heimatbuch der Gemeinde Sautens, 1986)

Wegverlauf

Vom Zentrum **Sautens** (Autobushaltestelle) auf bezeichneter Straße zum kleinen Weiler **Haderlehn** mit sehenswerter Dorfkapelle. Von dort auf dem bezeichneten und markierten Knappensteig zu den kleinen Öffnungen des ehemaligen **Stollens**. Auf den angebrachten Tafeln ist die Geschichte des Bergbaus erklärt. Knapp eine Viertelstunde weiter auf dem Steig zur Karalpe befindet sich im Wald bei einer großen markanten Steinplatte eine Tafel mit dem Hinweis auf den **Opferstein** samt kurzer Beschreibung.
Die mündliche Überlieferung rund um den Opferstein erinnert an vergleichbare Plätze, beispielsweise im Schweizer Kanton Graubünden. Dort steht sie ebenfalls in Zusammenhang mit dem Befahren der Alm. Immer wird ein großer Steinblock oder eine Steinplatte verehrt, in der Schweiz als „mumma veglia" bekannt. Das ist die Alte, die Erdmutter oder die Alp-Mutter. Geheimnisvoll-altertümlich ist auch der Hinweis der mündlichen Überlieferung auf die „Heidenhäuser" im Sautner Ortsteil Haderlehn. Diese und viele andere Hinweise enthält das „Heimatbuch der Gemeinde Sautens", das 1986 von

„Piburger See, ober Ötz und der Aachenkopf", Ch. Brizzi

Wolfgang Pfaundler und Josef Santer zusammengestellt und von der Gemeinde Sautens herausgegeben wurde. Das beste Gemeindebuch aller Ötztaler Gemeinden!

Vom Opferstein kann man direkt nach **Haderlehn** absteigen und weiter nach **Piburg** auf bezeichnetem Weg. Von der Ortschaft Abstieg auf einem von mehreren bezeichneten Wegen nach **Ötz** oder in wenigen Minuten zum **Piburger See** (im Sommer Bademöglichkeit), um den sich auch mehrere Sagen ranken.

Der zahme Geist auf Pipurg

Auf Pipurg in einem Keller war ein Geist. Die Hausleute sahen ihn oft und fürchteten sich fast gar nicht vor ihm. Es geschah oft, dass er in einer Ecke im Keller saß, während in einem andern Winkel die Magd Milch abrahmte. Als der Besitzer dieses Haus verkaufte und nach Ötz hinunterzog, zog der anhängliche Geist auch mit hinab. Den Leuten war doch nicht wohl zumute; sie holten einen Pater, der den Geist dann erlöste.

(Falkner)

Über die Achstürze nach Tumpen

Die Teufelsplatte

Ötz		Schlössl		Achstürze		Habichen		Tumpen	
	↗ 1 Std.		↘ ½ Std.		↗ ½ Std.		↗ 1 Std.		**3 Std. ca. 190 Hm**
812 m		ca. 950 m		810 m		851 m		937 m	

Ausgangspunkt: Ötz, am Ortsende beim „Schlössl“.
Gehzeit / Höhenunterschied: 3 Std., ca. 190 Hm.
Wegbeschaffenheit: Gut ausgebauter und gekennzeichneter Wald-Wanderweg, steil und gesichert beim Abstieg zur Wellerbrücke.
Einkehrmöglichkeit: Gh. in Tumpen, u. a. Gh. Acherkogel.

Beim „Schlössl“ wurden ab dem Jahre 1999 archäologische Grabungen vorgenommen. Auf der felsigen Kuppe wurden zahlreiche Keramikfragmente, Schmuckgegenstände und Geräte aus Metall aus der mittleren und jüngeren La-Tène-Zeit (ca. ab dem 5. Jh. v. Chr.) gemacht. Sicher ist es ein wichtiger frühgeschichtlicher Kulturplatz, vielleicht ein Kultplatz. Beim Weiterweg kommen wir zu den Achstürzen. Truden und Hexen, Teufel und unheimliche Gestalten, in den wilden Fluten Verunglückte und Selbstmörder bevölkern diese Gegend. Es bleibt der Spurensuche überlassen, die Teufelsplatte im Wald zu finden. Solche und ähnliche Gesteinsformationen, zahlreich im Bergsturzgelände rund um den Piburger See zu finden, haben die Fantasie des Volkes angeregt.

Spruch an der Kapelle am Waldrand auf dem Weg zum „Schlössl“

Wegverlauf

Am Ortsende von **Ötz** über die Brücke, am Wald entlang, vorbei an einer kleinen Kapelle mit bemerkenswerten Figuren bis zum bezeichneten Platz **„Schlössl“** auf einer auffallend markanten felsigen Kuppe. Von dort ein Stück weiter Richtung Wellerbrücke und steiler Abstieg zur **Ache**. An einem Felsen ist ein Gedenkstein für den tschechischen Turnvater Miroslav

Truden und Hexen bei Tumpen

Auf dem Wege zur Tumpener Alm kommt man zu einer Stelle, die man „Am Truttefuß“ nennt. Es ist nämlich dort eine etwas erhöhte Steinplatte, auf der sehr merkwürdige Vertiefungen zu sehen sind; eine sieht aus wie ein Menschenfuß, eine wie ein Kuhfuß und die dritte wie ein Ziegenfuß. Diese Eindrücke in der Platte rühren von einer Trude her, die da darüber gegangen ist. Auch wird die Steinplatte „Der Hexentanz“ genannt. Drin in der Alm kommt man zu einem „Hexentalele“. Da sollen einmal drei Leute Hexengesang gehört haben.
(Falkner)

Tyrs angebracht, der hier auf mysteriöse Weise am 21. August 1884 den Tod fand.
Nach Überquerung der **Wellerbrücke** ca. 150 Höhenmeter bergauf und auf bezeichnetem Steig nach **Habichen**. Vorbei am bekannten Glockengießerhaus „Grassmayr“ und am klei-

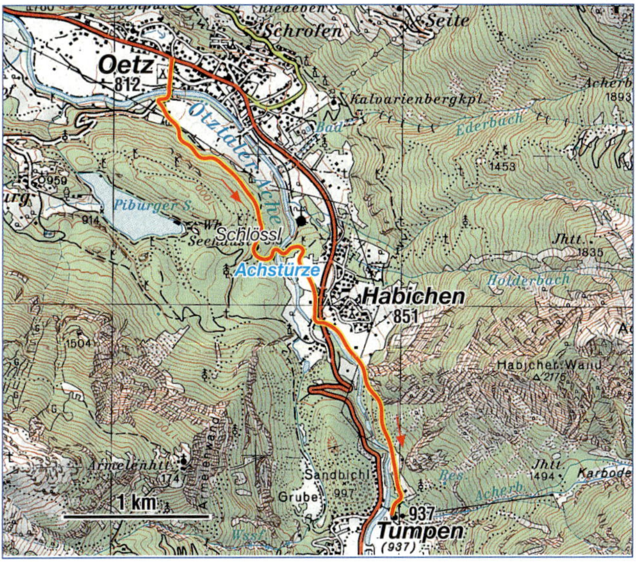

Das Grassmayr-Haus in Habichen

Die Teufelsplatte

Auf dem Wege von Ötz zum Piburger See steht ein Marterl, das von einem Unglück erzählt. In der Nähe dieser Bildsäule sieht man eine Steinplatte, auf der hintereinander ein Gais-, ein Kuh- und ein Menschenfuß eingedrückt erscheinen. Damit hat es, wie erzählt wird, folgende Bewandtnis: Da sei einmal ein reicher Geizkragen den Weg hinaufgegangen. Er war halbbetrunken. Als er zu jener Stelle kam, wo die Bildsäule steht, sprang auf einmal der leibhaftige Teufel über jene Steinplatte herunter, packte den Geizhals mit eisernen Krallen und schleuderte ihn in den tiefen, schaurigen Abgrund über die Felsen hinab. Die Fußabdrücke auf der Steinplatte aber hat der Teufel hinterlassen zum unverwüstlichen Andenken für geizige Leute. (Falkner)

nen See, die zweite Ötztaler Talstufe übersteigen und weiter zum Ort **Tumpen** (940 m) und zur Bushaltestelle auf der anderen Seite der Ache.

Hinweis

Nicht vergessen sollten Sie den Besuch des alten, freskengeschmückten Grassmayr-Hauses in Habichen. Von dort aus siedelte anno 1599 die berühmte Glockengießer-Familie Grassmayr nach Innsbruck, wo sie bis auf den heutigen Tag sitzt. Beinahe sagenhaft und in der Volksüberlieferung verankert sind die Nachrichten über Plätze vor Kirchen, die bis heute „Grube" bzw. „auf der Grube" heißen, weil dort eine Grube ausgehoben wurde, in der die Glocken vor Ort gegossen wurden.

Varianten

Eine Möglichkeit bestünde im Rückweg der Ache entlang nach Ötz. Wer den steilen Aufstieg von Tumpen zur Tumpener Alm nicht scheut, kann einen geheimnisvollen Stein suchen. Nach der Sage soll es dort das „Hexentalele" sowie einen Kuh- und Ziegenfuß im Stein geben.

Die Teufelsplatte in der Nähe des Piburger Sees

Tour 5

Zur Wallfahrtskirche Maria Schnee

Die Höllentür in der Engelswand

Tumpen		Engelswand		Lehn		Maria Schnee		Umhausen	
	→ ½ **Std.**		→ ½ **Std.**		↗ ½ **Std.**		↗ ½ **Std.**		**2 Std.** **ca. 100 Hm**
937 m		ca. 950 m		961 m		980 m		1031 m	

Ausgangspunkt: Tumpen, Bushaltestelle.
Gehzeit / Höhenunterschied: 2 Std., ca. 100 Hm.
Wegbeschaffenheit: Breite, leichte Wanderwege, ganzjährig begehbar.
Einkehrmöglichkeit: Gh. in Tumpen und Umhausen, Café Scheiber in Umhausen.

Mindestens vier Sagen und ein halbes Dutzend Geschichten handeln von der geheimnisvollen Engelswand bei Tumpen. Die Wand soll sogar mit der Martinswand bei Zirl durch einen unterirdischen Gang in Verbindung stehen. Als Faktum der Verchristlichung ältester Kult- und Kulturstätten kann in dieser Gegend die ehrwürdige kleine Wallfahrtskirche Maria Schnee verstanden werden. Mitten in den Feldern zwischen Lehn und Umhausen gelegen, wurde das Kirchlein der Chronik gemäß im Jahre 1797 im Zuge der Franzosenkriege errichtet.

„Dumpen und die Engelswand", Ch. Brizzi

Die Höllentür

Nahe bei Tumpen zeigt man am Fuße der Engelswand eine schwarze, mäßige Vertiefung, die sich wie eine große Doppeltüre ausnimmt und die Höllentür genannt wird. Darüber wussten die Alten wie folgt zu erzählen:

Vor vielen, vielen Jahren kam ein Fuhrmann, der von Längenfeld nach Hall fuhr, spät abends bei der Engelswand vorbei. Von ferne schon hörte er laut rufen und schreien: „Auf, auf! Es kommt die Rößlerin von Hall!“ Verwundert und voll Schrecken blickte er auf die Wand hin und sah dort ein großes Eisentor weit geöffnet. Plötzlich sauste durch die Luft ein feuriges Schwein daher, auf dem eine Weibsperson saß, und fuhr durch das Tor in die Wand hinein. Sofort wurde die Tür mit Krachen zugeschlagen und jede Spur war verschwunden. Der Fuhrmann fuhr weiter, um seine Geschäfte zu erledigen. Doch vergaß er dieses Erlebnis keineswegs. Als er in Hall angekommen war, frug er nach der Rößlerin und es wurde ihm gesagt, dass sie gestorben sei. Durch genaues Fragen kam er darauf, dass sie gerade zur selben Zeit, in der er bei der Engelswand vorbeigefahren war, ihr Leben beendet habe.

*

Eines Abends ging ein Viehdoktor bei der Engelswand vorbei. Da hörte er eine befehlende Stimme: „Lauf! Lauf! Schnell aus dem Wege!“ Da ging er aus dem Wege und sah, wie ein feuriger Wagen so schnell herbeirollte, dass ihn kein Vogel im schnellsten Flug hätte einholen können. Dann öffnete sich das Tor der Engelswand, der Wagen fuhr hinein und das Tor schlug heftig zu.

*

Alte Leute erzählen auch, dass von der Engelswand bis zur Martinswand bei Zirl ein feuriger Gang gehe. Setzt sich jemand auf die Höllentür und flucht, dann kommt der Teufel heraus und fährt mit dem Fluchenden durch das Tor geradewegs in die Hölle. (Falkner)

Wegverlauf

Von **Tumpen** über die Brücke der Ötztaler Ache, dann führt ein breiter Weg durch Wiesen zur sagenumwobenen **Engelswand,** deren unterer Teil ein beliebter Klettergarten ist. 500 Meter oberhalb liegt der Bergweiler Farst, der seit dem 13. Jh. durchgehend besiedelt und bewirtschaftet wird. Er ist auf einer breiten Forststraße erreichbar. Von der Engelswand weiter durch die kleine Ortschaft **Lehn**, sieht man schon von weitem die **Wallfahrtskirche Maria Schnee** mit ihrer barocken Fassade. Nach einigen Metern setzen wir die Wanderung an der Kreuzung nach links, Richtung Farst, fort. An diesem Weg richten sich reizvolle Blicke hinunter auf das Kirchlein, hinauf nach Farst und hinein in die Farster Schlucht (nicht begehbar). Der Farstbach war einer der Schrecken des murenreichen Ötztales. Auch das längst verschwundene Schloss

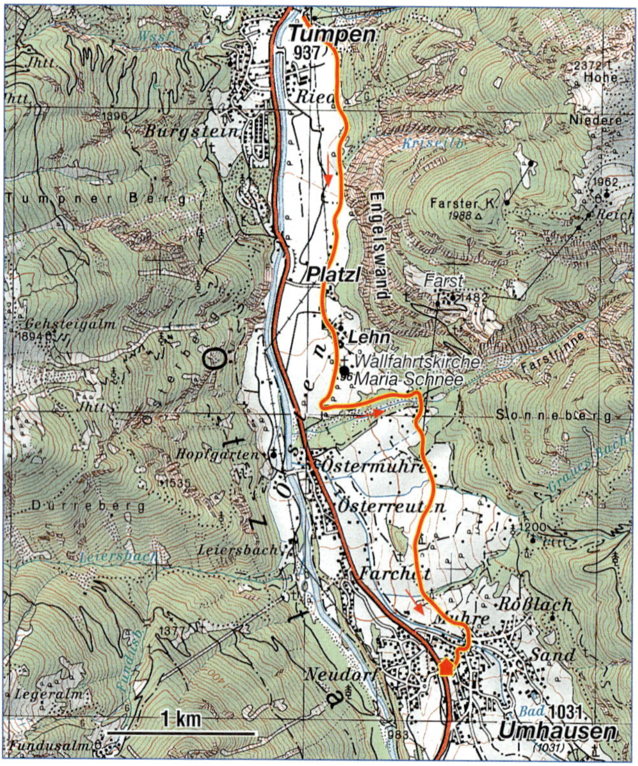

Hoch über dem Talgrund liegt der Weiler Farst.

Hirschberg wird mit Muren in Verbindung gebracht. Bei einem Wegkreuz biegt man nach rechts und spaziert auf einer asphaltierten Straße vorbei an der Theresien- und Martinskapelle nach **Umhausen**. Es führen auch kleine, gut sichtbare Wege durch Wiesen ins Dorf!

Die Wallfahrtskapelle Maria Schnee

Tour 6

Von der Fundusalm zur Frischmannhütte

Die sagenhafte Fundusalpe und der Köfler Jochwaal

Umhausen		Fundusalmen		Frischmannh.		Scharte		Köfels		Umhausen	7 Std.
	3½ Std. o. Taxi		↗ ½ Std.		↗ ↘ ½ Std.		↘ 1 Std.		↘ 1½ Std.		1160 Hm
1031 m		1964 m		2192 m		2084 m		1401 m		1031 m	

Ausgangspunkt: Umhausen, Parkplatz Dorfmitte.
Gehzeit / Höhenunterschied: Bei Anfahrt mit dem Taxibus von Umhausen bis zur hinteren Fundusalm 5–6 Std., ca. 910 Hm, ansonsten 7 Std. und 1160 Hm.
Wegbeschaffenheit: Gut markierte Wege, Abstieg nach Köfels steiler Bergsteig.
Einkehrmöglichkeit: Hintere Fundusalm, Frischmannhütte, Gh. in Köfels.
Hinweis: Bis zur hinteren Fundusalm verkehrt ein Taxibus, Info unter Taxi Scharfetter, Tel. 05255/5858 oder Tourismusverband Tel. 05255/5209.

Das Fundustal bietet eine Besonderheit: Nach einer alten Sage soll sich dort auf 1940 Meter Höhe ehemals ein Bauernhof befunden haben. Dies wurde in den vergangenen Jahren bei Forschungen der Ur- und Frühgeschichte bestätigt, die sich durch einen zufälligen Fund anlässlich von Wegbauarbeiten ergaben. Dabei hat sich herausgestellt, dass dort menschliche Nutzung nachweisbar und damit die Möglichkeit einer Behausung gegeben ist, die mindestens 9000 Jahre zurückreicht. Der Fund dieser mesolithischen Nutzung ist auch deswegen so bedeutsam, weil es vergleichbare Ötztaler Funde erst wieder im Raum Gurgl und Vent gibt. Damit kann auch bestätigt werden, dass sich älteste Siedlungs- und Nutzungsspuren weit oberhalb des Haupttales befinden. Ähnliches wie hier im Fundustal könnte auch vom Pollestal gelten, teilweise auch vom Horlachtal, vom Windachtal usw.

Wegverlauf

Entweder mit dem Wandertaxi bequem bis zur hinteren Fundusalm oder von **Umhausen** in westlicher Richtung durch den Ortsteil **Neudorf** zur Ötztaler Ache über die Fundusbrücke. Hier befindet sich ein Wegweiser zur Frischmannhütte. In vielen Kehren steigt der Forstweg zu einer Wegteilung, rechts geht es Richtung Erlanger Hütte, links tritt man in das entlegene **Fundustal** ein. Am Bach entlang geht es zur vorderen Alm und durch schönen Zirbenbestand eine weitere Stufe zur hinteren **Fundusalm**. Nun gibt es zwei Möglichkeiten:

1. In ca. 30 Min. auf die **Frischmannhütte.** Dort beginnt eine wunderschöne Panoramawanderung entlang eines Waals, einer der ältesten Bewässerungsanlagen der Region, zum **Schartle** (2084 m).

2. Oder Sie steigen von der hinteren Fundusalm direkt zum **Schartle** hinauf. Von dort eröffnet sich ein schöner Ausblick auf Blockkogel, Fundusfeiler und Fundussee.

Der **Abstieg** erfolgt dann in steilen Kehren hinab nach **Köfels** und weiter auf asphaltierter Straße und zuletzt über die Ötztaler Ache zur Bushaltestelle bzw. auf einem Fußweg zurück nach **Umhausen**.

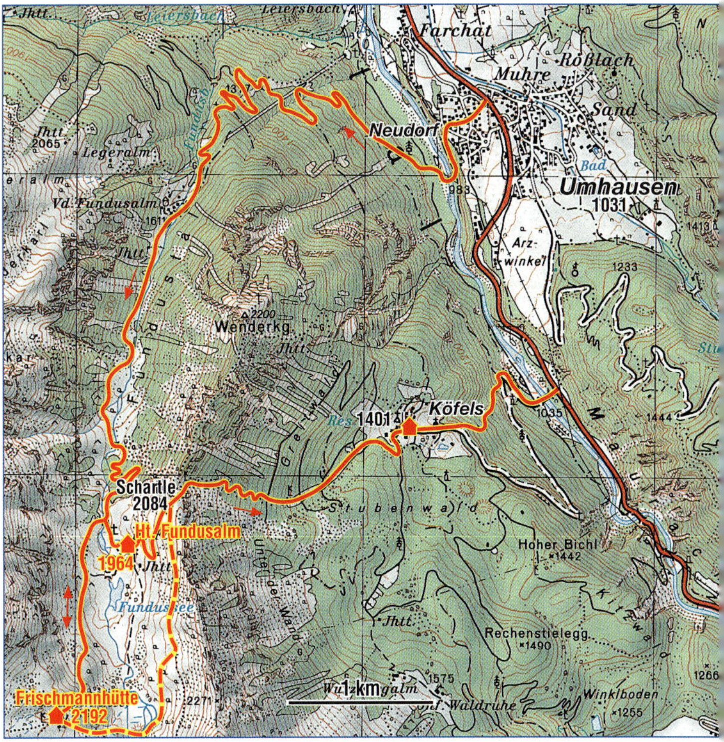

Die hintere Fundusalm

Empfehlenswert ist auch der etwas weitere Abstieg nach Winklen (Gemeinde Längenfeld) und weiter über die Ötztaler Ache nach Au zur Autobushaltestelle.

Hans Frischmann

Fast unbekannt ist die Namensgebung der Frischmannhütte: Hans Frischmann war ein Umhauser, der zuerst Geistlicher werden sollte, dann aber in Wien studierte, im Jahre 1848 mit der Revolution sympathisierte, schließlich dann aber doch in Umhausen den väterlichen Hof übernahm. Als „studierter“ Bauer erkannte er die Bedeutung des gerade aufkeimenden Tourismus und war einer der ersten Förderer.

Hinweis: Köfler Jochwaal

Der 2005 restaurierte Köfler Waalweg beginnt im hinteren Fundustal und führt in östlicher Richtung zum Köfler Schartle auf 2084 Meter und weiter nach Nordost zur hinteren Fundusalm. Ein Teil davon wird in Unterbaurohren geführt, 2,5 Kilometer im offenen Wasserwaal.

Die Fundusalpe

Dass unsere Altvorderen der rauen Bergnatur das Letzte abzutrotzen wussten und Bauernhöfe in Höhen bauten, wo heute nur mehr Almwirtschaft ist, beweist manche Sage. So soll im vorderen Fundustale bei Umhausen einst ein schöner Bauernhof gestanden haben. Der letzte dort hausende Bauer hatte drei Söhne. Da ihm die Mure in seinen Feldern großen Schaden tat, sahen sich seine Erben zum Auswandern gezwungen. Einer von ihnen ließ sich in Umhausen nieder, der zweite in Östen, der dritte endlich in Köfels, das dieser dadurch erst begründete. Daher stammen die merkwürdigen Alprechte; der auf Köfels darf mit vier Kalbinnen in die Fundusalpe fahren, der in Östen mit acht und jener, der sich in Umhausen niedergelassen hat, mit so vielen, als er überwintern kann.

*

Dunkle Spuren lassen eine alte Hofsiedlung sogar im Hintergrunde des Fundustales vermuten. Die Sage weiß nämlich über den dort liegenden Fundussee zu erzählen, dass an Stelle des Sees einst ein Bauernhof war. Der Besitzer aber habe es mit der Sonntagsheiligung noch ganz heidnisch gehalten. Zur Strafe dafür sei, als er an einem Sonntag Heu einführte, der ganze Hof mit Mann und Maus plötzlich versunken und der heutige See entstanden.

*

Wie das Kirchenarchiv von Umhausen erzählt, ist es in der hinteren Fundusalmhütte nicht recht geheuer. Öfters im Jahre kommt dort ein geheimnisvoller Mann in Knospen (Holzschuhen) daher, macht die Tür auf und zu, ohne ein Wort zu reden und geht wieder. (Falkner)

Tour 7

Von Umhausen zum Stuibenfall

Der Teufelsspieler und die Wetterglocke

Umhausen		Bichl		Stuibenfall		Ötzidorf		Umhausen	
	↗ 2 Std.		↗ ½ Std.		↘ 1½ Std.		↘ 1 Std.		**5 Std. 570 Hm**
1031 m		ca. 1600 m		ca. 1500 m		ca. 1100 m		1031 m	

Ausgangspunkt: Umhausen, Parkplatz beim Musikpavillon in der Dorfmitte.
Gehzeit / Höhenunterschied: ca. 4½–5 Std., 570 Hm.
Wegbeschaffenheit: Forststraßen und Wege, der Steig am Stuibenfall ist teilweise steil und gesichert.
Einkehrmöglichkeit: Jausenstation Bichl, Gh. Stuibenfall, Ötzidorf.
Hinweis: 1. Am Bichl befindet sich das „Haus der Stille“, wo sich u. a. das Ötztal-Archiv befindet, eine Schriftensammlung ausschließlich über das Ötztal und die Ötztaler Alpen mitsamt der Literatur von Ötztalern.
2. Das Ötzidorf bietet einen guten Einblick in die Lebenswelt der Vor- und Frühgeschichte; geöffnet von Mai bis Okt. von 9.30 –17.30 Uhr, tägl. Führungen.

Die erste Station dieses Aufstiegs führt zum„Spielroan“ im Ortsteil Roßlach, wo durch mehrere Jahrhunderte in Tirol bedeutsame Schauspiele aufgeführt wurden. Im Jahre 1958 fand man das „Umhauser Spielbuch vom menschlichen Leben und letzten Gericht“ aus dem Jahre 1748. Dabei sollte den Dorfbewohnern immer drastisch-dramatisch vor Augen geführt werden, wohin Lasterhaftigkeit, Unzucht, Gottlosigkeit und alles Heidnische (also auch Sagen, Zaubereien usw.) führen. Vom Sieg des christlichen Glaubens über das Böse berichten auch die Sagen vom Teufelsspieler oder von der Wetterglocke.
Wer am Ende der Wanderung zum höchsten Wasserfall Tirols noch nicht genug bekommen hat von alten Geschichten, besucht beim Rückweg nach Umhausen das Ötzidorf. Die dort aufgestellten Menhire, der Steinbau mit dem Seelenloch und vieles mehr führt weit zurück in die ältesten Geheimnisse des Tales. Der Ötzi, am 19. 9. 1991 am Tisenjoch gefunden, hat die historische Erforschung und Erkundung der hochgelegenen Regionen der Alpen in sehr starkem Maße vorangetrieben. Dadurch ist auch ein sehr intensives Interesse an den „alten Geschichten“ bei Einheimischen wie bei Gästen entstanden.

Der Teufelsspieler

Vor 200 Jahren hat man auch im Ötztale geistliche Spiele aufgeführt. In Umhausen, oberhalb Roßlach, wo heute noch der „Spielrain“ den Namen davon trägt, wurde öfters „Das Jüngste Gericht“ aufgeführt. Wie die Alten zu erzählen wussten, hat sich bei einem solchen Spiele einmal etwas ganz Grausiges zugetragen. Ein Bursche, der die Rolle des Teufels übernommen hatte, spielte diese so meisterhaft, dass manche Leute meinten, er wäre wirklich der Leibhaftige selbst. Der Spieler wusste das und war nicht wenig stolz auf seine Kunst. Als er wieder einmal seine Rolle so vortrefflich zum Besten gab, wurde er in einen wirklichen Teufel verwandelt. Der Höllische fuhr dann plötzlich mit seinem neuen Genossen fort über die „Löde“ hinaus gegen die Engelswand, um damit durch die dortige Höllentür in die Teufelsheimat zu verschwinden. Die Leute jammerten, von Entsetzen ergriffen, und wussten sich nicht zu helfen. Doch der Kurat von Umhausen ging in die Kirche, nahm das Allerheiligste und zog, von einer großen Volksmenge begleitet, hinaus gegen das „Höllentor“ unter die Engelswand. Da musste der Teufel seine Krallen auftun, das Opfer herausgeben und allein zur Hölle fahren.

(Falkner)

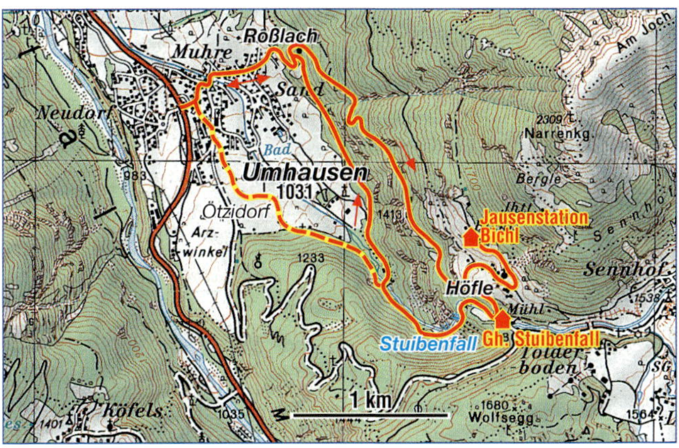

Wegverlauf

Vom Parkplatz führt die Straße durch den Ortsteil **Roßlach**, dort links haltend bis zur Weggabelung „Steppsteig – Niederthai-Höhenweg“. Man wählt die Forststraße geradeaus in den sagenumwobenen Wald des Hirschberges hinauf zum „**Bichl**“, einem Aussichtsbalkon auf den Geigenkamm. Zurück zum Höfle wählen wir nicht den asphaltierten Weg nach Niederthai, sondern den nach rechts zum Gasthof Stuibenfall. Bei der kleinen Kapelle wieder rechts und nach einigen Minuten links den Weg zum **Stuibenfall** nehmen.
Aussichtspunkte öffnen sich und das seltene Phänomen einer Naturbrücke (Felsentor) ist zu beachten. Der steile Wasserfallsteig führt mit herrlichen Ansichten des mit 150 Metern höchsten Wasserfalls Tirols hinab in den Talgrund. Dort hängt hoch in einem Baum seit dem Jahre 2000 das so genannte „Stuiben-Nannele“ und dreht das Windrad. Diese Figur ist, ebenso wie die Neufassung einer alten Geschichte, eine Kreation des aus Tumpen stammenden Robert Bäuchl.
Beim Waldcafé teilt sich der Weg. Rechts erreicht man auf kürzerem Weg das Dorf, links wandert man vorbei am **Ötzi-**

Die Wetterglocke in Umhausen

Bei Umhausen gibt es eine sehr murengefährliche Talseite. Schon oft war nach einem starken Regen hoch oben an der Waldgrenze die Mure losgebrochen und hatte drunten im Tale an den Wiesen, Äckern und auch Häusern den Bauern schweren Schaden zugefügt. Da dieses Unglück sich so oft wiederholte, glaubten die Leute, es seien Hexen im Spiele. Da gegen diese höllischen Weiber nur etwas Geweihtes hilft, stifteten die Umhauser in ihren Turm eine Wetterglocke. Kaum hing die neue Glocke im Turm, brach ein furchtbares Gewitter los. Der Mesner eilte in die Kirche und läutete die neue Wetterglocke. Da hörte man aus dem Hochwald eine kreischende Weiberstimme: „Laß an! Laß an!“ Worauf eine andere antwortete: „I kann nit, i kann nit, die Umhauser Schelle geht!“ Die Mure blieb wirklich aus; die Umhauser verdankten dies ihrer neuen Wetterglocke. (Falkner)

Der Stuibenfall – der höchste Wasserfall Tirols

dorf, Naturbadesee, Kneippanlage zurück nach **Umhausen**. Beachten Sie die Abzweigung „Waalweg", der ca. 50 m oberhalb des Forstweges ebenfalls zur Kneippanlage führt.

Tour 8

Von Niederthai ins Horlachtal

Der gefrorene Putz

Niederthai		Larstighof		Niederthai		Mauslasattel		Wiesle		Nösslachk.		Au	4 Std.
	↗ 1 Std.		↘ 1 Std.		↗ ½ Std.		↘ ½ Std.		↘ ¾ Std.		→ ¼ Std.		↗ 320 Hm ↘ 630 Hm
1538 m		1777 m		1538 m		ca.1620 m		1528 m		1149 m		ca.1150 m	

Ausgangspunkt: Umhausen, Parkplatz Ortsmitte bzw. Niederthai, Parkplatz Information.
Gehzeit / Höhenunterschied: Von Umhausen 6–7 Std., ab Niederthai 4–5 Std., 720 bzw. 320 Hm im Aufstieg, 630 Hm im Abstieg.
Wegbeschaffenheit: Forstwege und Steige.
Einkehrmöglichkeit: Gh. in Niederthai, Larstighof, Gh. Wiesle.
Hinweis: Von Umhausen nach Niederthai verkehrt während der Sommersaison gratis ein Wanderbus, Info unter Tel. 05255/5209 (Tourismusbüro).

Die verschiedenen Ortsteile von Niederthai bieten die Möglichkeit, eine geradezu einzigartig lebendige Bergbauern-Kulturlandschaft zu erleben. Zugleich wird man auch – wie fast überall in Tirol – im Nebeneinander alter Baukultur und neuer Folklorismus-Bauten des Tourismus Wertewandel und -verfall erkennen. Eine tirolweit einzigartige Ausnahme ist das in Architekturkreisen vielbeachtete Wohnhaus der Architektin Regina Pizzinini (aus Niederthai stammend) und ihres Partners.
Der Wanderweg dem Horlachbach entlang zum alten Larstighof führt uns zum Schauplatz einer höchst bemerkenswerten Sage. Nur an wenigen Stellen in den Alpen (u. a. auch im Schweizer Lötschental) fand ich wie hier die Sagen von der kalten Pein. Der Mensch der Berge, insbesondere wenn er von Gletschern und Schnee umgeben ist, denkt sich über die Jahrhunderte in eine andere Welt hinein. In den Gletschern findet er diese „Anderswelt“. Da sind glänzende Städte im ewigen Eis verborgen und leben die saligen Frauen in glitzernden Palästen. Und im Gletscher ist auch eine Art alpines Fegefeuer verborgen: die kalte Pein. Die hier wiedergegebene Sage wurde um 1850 aufgezeichnet.

Wegverlauf

Von der Kirche in **Umhausen** entweder durch den Ortsteil **Roßlach**, links haltend bis zur Weggabelung, Wegweiser

Niederthai oder über den Steppsteig Richtung **Ötzidorf** und über den **Stuibenfall** nach Niederthai. Empfehlenswert ist auch die Fahrt nach Niederthai mit dem Wanderbus. In **Niederthai** beginnt die Wanderung bei der Infostelle und führt entlang des Horlachbaches in das gleichnamige Tal zum **Larstighof**, ursprünglich ein Schwaighof (Viehhof). Sehenswert ist dort das kleine Wallfahrtskirchlein. Es wurde und wird immer wieder mit der Bitte um gedeihliches Wetter aufgesucht, zumeist um Regen zu erbitten, in einem der niederschlagsärmsten Teile Tirols. Wer will, kann von hier aus noch weiter hinein zur Horlachalpe wandern.

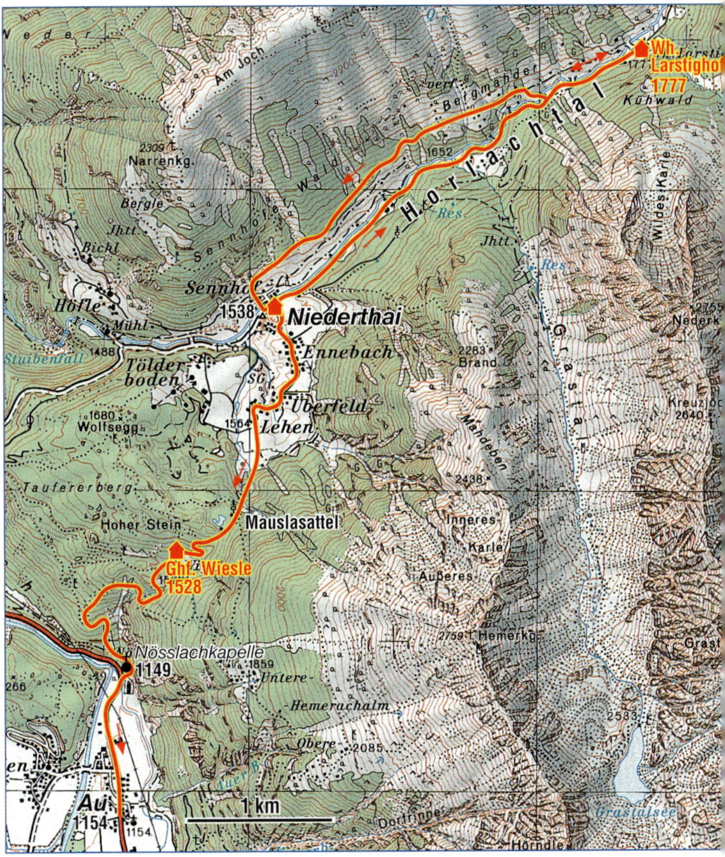

Der gefrorne Putz

… Vor vielen, vielen Jahren standen in dieser Gegend drei ansehnliche Bauernhöfe, welche die drei nahen Thäler Larstig, Zwieselbach und Grasstall zu eigen hatten; die Höfe hießen: Larstig, Grasstall und Ischerlechn (Isserlehen). Der Larstiger Bauer war reich an Geld, Gut und Lastern, man nannte ihn daher statt der „Larstiger" der „Garstige". Die andern zwei waren zwar arm an irdischem Gut, aber reich an Schätzen, die erst jenseits des Grabes ihren vollen Werth haben. Der Reiche wurde immer hochmüthiger; sagten ihm seine Nachbarn: „Hoffart geht vor dem Fall", dann lachte er, klingelte mit den Thalern in der Tasche und sagte: „Das sind die Musikanten!" Nach und nach wurde er so verwildert, daß sein Weib es bei ihm nicht mehr aushalten konnte und zu ihren Verwandten ziehen mußte. Das war ihm aber ganz recht, jetzt konnte er unangefochten seinen Gelüsten nachgehen; und während die Nachbarn mit ihren Knechten und Mägden den weiten Weg bis Silz zur Kirche gingen, weil damals kein Gotteshaus näher lag, spielte er mit seinen Knechten und trank sich mit ihnen voll und toll, oder er ging seiner Lieblingsneigung nach, der Gemsenjagd, wozu er ein besonderes ‚Geschick' hatte, denn er konnte die Gemsen „ang'frearn" und sich selbst konnte er auch gefroren machen.
Aber über den sündhaften Gesellen kam auch bald die Strafe. Die Fernerbäche überschwemmten seine Güter, die besten Milchkühe standen um – und während die beiden andern Höfe von Jahr zu Jahr blühender und gesegneter wurden, ward der Larstiger arm, elend und verlassen, und sein Leib wurde nach und nach von krebsartigen Geschwüren elendlich entstellt. Da fing er an, sein Lasterleben gräßlich zu verfluchen und den Himmel demüthig um Verzeihung anzuflehen. Als er gestorben, wurde er still hinausgetragen nach Silz und unbeweint in die Grube gelegt. – Sein Sohn, dessen Mutter mittlerweile vor Kummer und Verdruß aus dem Leben geschieden, war ein fleißiger Bursch, übernahm guten Muths das zerrüttete Anwesen und hoffte mit Gottes Hilfe alles wieder in rechten Gang zu bringen. Als er einmal bis spät in die

Nacht hinein sich müde „gerackert“ hatte, legte er sich gegen 11 Uhr nachts hinter den Ofen um auszuruhen. Da öffnete sich die Thüre, und herein trat ein geisterhaft aussehender dunkler Mann, der näherte sich langsam und stumm dem Jüngling, und legte sich, eiskalt wie ein Eisblock des nahen Ferners, zu ihm hinein. Der erstere wollte voll Entsetzen herausspringen, denn er erkannte – seinen Vater. Aber seine Bemühungen waren vergebens, er konnte auch nicht einmal rufen, er mußte, immer mehr erstarrend, ruhig liegen bleiben; und als in der Frühe der Putz lautlos fort ging, erst dann war es ihm möglich, sich nach und nach herauszuwinden. Er war aber vor Frost fast gelähmt, und hütete sich wohl, ein andermal noch an dieser Stelle zu schlafen. Jedoch der Geist kam jede Nacht dahin und zog Morgens allemal stumm und ohne Jemanden ein Leid zu thun von dannen. Dieser Geist litt die „kalte Pein“, vermuthlich deßhalb, weil er bei Lebzeiten bösen Zauber getrieben, indem er sich „gefroren“ gemacht.

So vergingen einige Monate, als eines Abends ein Gemsenwilderer, der nebstbei ein verwegener Robler war, hier zusprach, um vor Sturm und Unwetter ein Obdach zu finden. Als ihm dasselbe bewilligt wurde, wollte er sich hinter den Ofen legen. Der junge Bauer rieth ihm davon ab, erzählte ihm von dem Spuk und schilderte die Gefahr, in welche er sich stürzen würde. Aber der Jäger lachte ihn aus, legte sich trotz der Warnung hinein und meinte, dem Geist wolle er schon zeigen, wo der Weg hinausgeht, wenn er kommen sollte. Zur Vorsicht verrammelte er die Thüre, stellte Tisch und Bänke davor und trank etwas Schnaps aus seiner Waidmannsflasche als Stärkung. Gegen Mitternacht drückte etwas an die Thüre, bald sprang sie auf und der Geist trat herein und legte sich mir nichts dir nichts zum Wilderer. Dieser wollte ihn „hinausschmeißen“, aber er konnte sich nicht mehr rühren, er war „gefroren“ und der Geist legte sich eiskalt auf ihn, bis das Herzblut stockte.

Als der Bauer des andern Tags in die Stube kam, fand er den Jäger mit verzogenem Gesicht eiskalt und todt drinnen liegen …

(Alpenburg, 1861)

Die Nösslachkapelle

Der **Rückweg** führt auf gleicher Route talauswärts, nach ungefähr 1 km quert man den Horlachbach und erreicht so den **Bergmahderweg**. Der Blick richtet sich immer wieder auf das idyllische Niederthai und den mächtig dahinter aufragenden Geigenkamm.

In **Niederthai** angekommen, sieht man schon von weitem den Falknerhof. Auf der asphaltierten Straße spaziert man durch den Ort Richtung Sportplatz, biegt vor diesem nach links ab und gelangt über einen Feldweg zum **Mauslasattel**. Ein breiter Forstweg führt hinab zu einer idyllischen Lichtung. Inmitten der Wiesen liegt der Gasthof **Wiesle** und eine kleine Kapelle. Ein Ort zum Verweilen! Vom Wiesle steigt man nun dem Wegweiser Abzweigung nach Längenfeld folgend, in das Ötztal zur **Nösslachkapelle** ab. Die Bushaltestelle in Au ist ca. 10 Min. entfernt.

Die Kapelle hat sich in den letzten Jahren zur Autofahrer-Kapelle des ganzen Ötztales entwickelt. Dort wird sozusagen verewigt, welche Personen mit dem Auto tödlich verunglückt sind. Um viele Todesfälle beginnen sich Geschichten zu ranken. Neben der kleinen Kapelle befindet sich eine mächtige glatt geschliffene Steinfläche, die darauf hindeutet, dass dieser Stein vielleicht einst eine „Rutschplatte" gewesen sein könnte, über die Frauen rutschten, um Fruchtbarkeit zu erwirken.

Durchs wilde Maurach

Das Wirtshaus in Maurach

Köfels	Winklen	Unterried	Lehn	Längenfeld	2½ Std. 120 Hm
↗ ¾ Std.	→ ½ Std.	→ ¼ Std.	→ 1 Std.		
ca. 1035 m	1154 m	1157 m	1159 m	1180 m	

Ausgangspunkt: Umhausen, Bushaltestelle Abzweigung Köfels.
Gehzeit / Höhenunterschied: 2–2½ Std., ca. 120 Hm.
Wegbeschaffenheit: Asphaltstraße (Verkehr!).
Einkehrmöglichkeit: Zahlreiche Gh. am Weg.
Hinweis: In der Ortschaft Lehn befindet sich das Ötztaler Heimat- und Freilichtmuseum. Einige alte Gebäude wie der Paarhof mit Pfostenspeicher und Backofen sind in den Ort integriert. Weitere Gebäude, darunter ein alter Bauernhof, befinden sich am Lehnbach und dokumentieren die im Ötztal durch Jahrhunderte wichtige Flachsverarbeitung. Einzigartig ist dabei die ausgeklügelte Technik der Nutzung von Wasserkraft wie z. B. am „Pluil“ und in der „Schwinghütte“.

Ausnahmsweise wird diese Tour als Straßenwanderung angeboten. Das beinahe lebensgefährliche Eingezwängtsein zwischen Ache, Schlucht, Spukgestalten und Autokarawanen kann und will die Dramatik und „Mystik“ dieses Wegstückes für die Gegenwart vermitteln. Auch im Sinne einer Abschreckung. Scheinbar kommt die Erlösung beim Eintritt in das weite flache Talbecken von Längenfeld.

Wegverlauf

Ab der **Bushaltestelle** auf der Ötztaler Bundesstraße durchs wilde Maurach (Blockwerk, Stein- und Felsentrümmer) zu gehen, der engsten Stelle im ganzen Ötztal, ist vorerst nicht einladend! Diese Engstelle lässt uns ahnen, wie gewaltig der Bergsturz von Köfels vor ca. 9000 Jahren gewesen sein muss, der diese Landschaft geformt hat. Dieser Teil des Ötztales ist neben der Kühtrainschlucht hinter Sölden eine der dramatischsten Szenerien des Tales, wo sich in Vergangenheit und Gegenwart zahlreiche dramatische Naturkatastrophen ereignet haben. So wurde 1987 die Straße durch den schrecklichen Drachen der wild gewordenen Ötztaler Ache auf einer Länge von über einem Kilometer weggerissen. An

Das Wirtshaus in Maurach

Als ein Bauer am Pfingstmontag spät abends von Umhausen gegen Längenfeld heimkehrte, hörte er in der Loam viele Leute reden und singen, konnte aber niemanden sehen. Er hob nun seine Füße besser auf und holte ein Stück außer dem Sattelan drei Weiberleute und ein Mannsbild ein. Alle vier waren seltsam gekleidet und wälschten so, dass der Bauer kein Wort von ihrem Gespräche verstehen konnte. Als sie gegen das Sattele kamen, stand ober dem Wege ein Wirtshaus, das so groß wie ein Schloss und hell beleuchtet war. Eine sauber gekleidete Kellnerin lud sie ein, hineinzukommen, und der Bauer kehrte ein, obwohl er ein Panzele Branntwein bei sich hatte. Da waren in einer großen Stube viele Leute und zechten und tanzten, musizierten und sangen, dass es eine Lust war. Den Bauern sahen sie mit großen Augen an, als ob er ihnen nicht recht wäre. Endlich trat der Wirt zu ihm und sagte, er solle das Panzele, den Näßlrock und den Stecken in einen Winkel tun und sich niedersetzen. Als der Bauer dies getan hatte, wurde ihm Gesottenes und Gebratenes nebst einer großen Kanne Wein vorgestellt. Unter anderem brachte ihm der Wirt eine Wurst, die gar schön aussah. Wie aber der Bauer die Wurst aufgeschnitten, lag ein ungeheurer Beißwurm auf dem Teller. Da schrie er vor Überraschung und Entsetzen: „Jesus, Maria, was ist das?“ Und im Augenblicke war alles verschwunden. Der Bauer lag in einer großen Lacke und konnte sein Panzele samt Hut und Rock nimmer finden. Seit diesem Begebnis ist er nie mehr in der Nacht durchs unheimliche Maurach gegangen. (Falkner)

diesem Abend kamen 13 Personen ums Leben, zumeist Einheimische. Eine Gedenkkapelle zwischen den beiden Brücken erinnert daran. Seit diesem denkwürdig schrecklichen Unglück brennen dort fast ununterbrochen Lichter des Gedenkens.
Gleich dahinter befindet sich eine Felsnase, im Volksmund der „Sattelas Kofel“ genannt, und oben drauf steht der Sage nach das „Wirtshaus im Maurach“.

Nach ca. 30 Min. ist dieser Teil überwunden und das weite Talbecken von Längenfeld tut sich auf. Vom Ortsteil **Winklen,** dem Kältepol des Ötztales und einem der kältesten Plätze Tirols, führen kleinere Wege über Unterried, Lehn nach **Längenfeld**. Ebenso findet man auf beiden Seiten der Ötztaler Ache reizvolle Wege dorthin.

Variante:

Von Lehn zum Wasserfall, zusätzlich 1 Std.

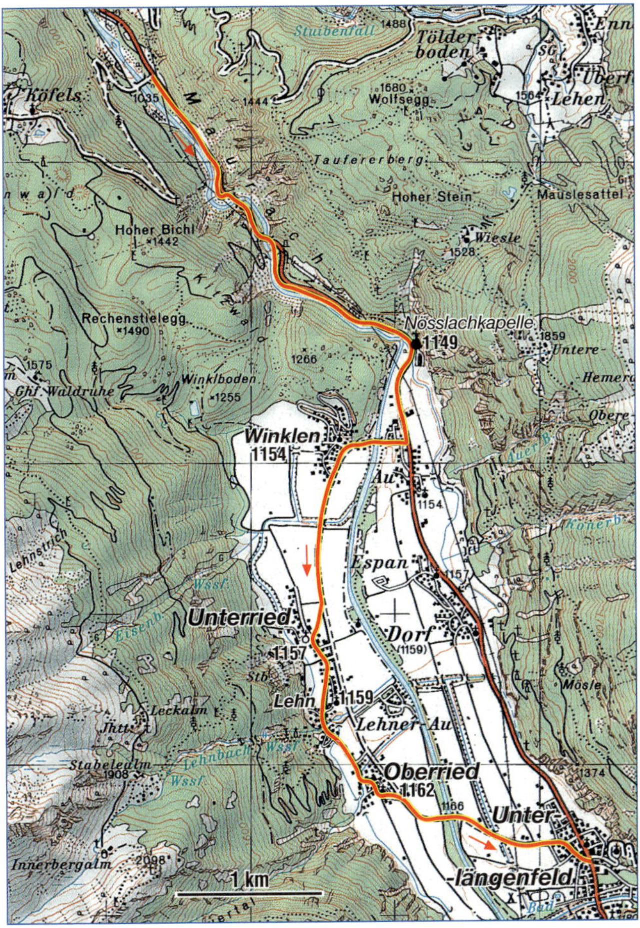

„Die wilde Maurach vor Lengenfeld", Ch. Brizzi

Die grauenvolle Schlucht des Maurach

Gedenkstein an die Opfer der Hochwasserkatastrophe 1987

Eduard von Badenfeld, der Wiener Kulturforscher, hat 1825 „Etwas über das Oetzthal in Tirol, und insbesondere über die dortige Märchen-Poesie" in der Zeitschrift „Bothe von und für Tirol und Vorarlberg" veröffentlicht. Es ist eine der frühesten und zugleich kritischen Auseinandersetzungen vor allem mit den Sagen des Ötztals (der komplette Text wurde im Buch „Sagen und Geschichten aus den Ötztaler Alpen", 1997 nachgedruckt). Darin beschreibt er auch die „grauenvolle Schlucht" des Maurach: „... Furchtbare Schichten von Steingerölle, von den wolkennahen Gipfeln bis an das Flußbett hinabreichend, hemmen streckenweise den schmalen Pfad des besorgten Wanderers ... In diese schaurige Einöde hat die Volkssage eine Schar Hexen eingebürgert. In dem schmalen Abhang zwischen dem Flußbette und der lothrechten Felswand ... liegt ihre Wohnung". (Badenfeld, 1825)

Geo-Lehrpfad Winkelberg

Die Kapelle auf Köfels

Au/Haltestelle	Wurzberg-A.	Stabele-A.	Innerberg-A.	Lehn	Längenfeld
→ 1½ Std.	↗ 2 Std.	↗ 1 Std.	↘ 1½ Std.	↘ 1 Std.	
1154 m	1575 m	1908 m	1940 m	1159 m	1180 m

7 Std.
800 Hm

Ausgangspunkt: Au/Bushaltestelle bzw. Parkplatz Au, Geo-Lehrpfad.
Gehzeit / Höhenunterschied: Ca. 7 Std., ca. 800 Hm.

Wegbeschaffenheit: Überwiegend Forstwege.
Einkehrmöglichkeit: Gh. in Au, Wurzbergalm, Stabelealm.

Tauferberg und Winkelberg sind Überbleibsel einer der größten Bergstürze der Alpen. Vor etwa 10.000 Jahren hat sich ein 3000 Meter hoher Berg mit einem Schlag auf 2200 Höhe verkleinert. Unvorstellbare sieben Milliarden Tonnen Gestein mit einem Ausmaß von ca. drei Milliarden Kubikmeter stürzten ins Tal und blockierten es. Es entstand der See von Längenfeld, der bis gegen das Jahr 1000 n. Chr. langsam abgeronnen ist. Es entstand der Tauferberg und es entstand, bedingt durch die Reibungshitze, der berühmte Bimsstein von Köfels. Intensiv und mitunter räuberisch-brutal haben Forscher und Wanderer danach gegraben, sodass heute nichts mehr zu finden ist. Aber der neu eingerichtete Geo-Lehrpfad Winkelberg lohnt sich dennoch, werden doch diese Ereignisse und die geologischen Zusammenhänge anhand von elf Schautafeln anschaulich illustriert.

Wegverlauf

In **Au** vor der Brücke sieht man den öffentlichen Parkplatz zum Geo-Lehrpfad. Dieser schöne Waldweg biegt nach Überquerung der Ache rechts ab und führt zum idyllisch gelegenen **Winkelbergsee** (für Kinder schöner Wasserspielplatz!). Über einen leicht ansteigenden Forstweg erreicht man die in Wiesen und Wäldern eingebettete **Wurzbergalm**. Dort nimmt eine von dem aus Längenfeld stammenden Kanonikus Johannes Stippler um 1850 aufgeschriebene Sage ihren Ausgang.

Der weitere Aufstieg zur **Stabele**- und **Innerbergalm** ist gut erkennbar. Es lohnt sich ein kleiner Umweg zum Aussichtspunkt **Woeckelwarte**. Eine bemerkenswerte „Kult"-Station kann auf der **Innerbergalm** entdeckt werden: ein Schalenstein mit zahlreichen Schalen.

In dieser Gegend ist eine außergewöhnliche Sage angesiedelt. Im Gegensatz zu anderen bekannten Sagen geht es in dieser Sage nicht um einen hilfreichen Gast in Gestalt einer saligen oder einer weisen Frau, sondern vielmehr um eine Frau, die eher zudringlich war, vor der sich die Hirten fürchteten, die weder durch Schreien oder verschiedene Grobheiten abzuwehren war. Diese „unbekannte Frau von Luibis" wurde als Sage zuerst in Aufzeichnungen des Längenfelder Pfarrers Staudacher von ungefähr 1845 im dortigen Pfarrarchiv gefunden.

Für den **Rückweg** wandert man entweder denselben Weg zurück oder über den alten, steilen Weg (Lehnbach-Wasserfall) nach Lehn, wo sich das Ötztaler Heimatmuseum befindet. Die Ache überquerend, spaziert man nach Längenfeld bzw. am Uferweg zurück zur Ausgangsstelle **Au**.

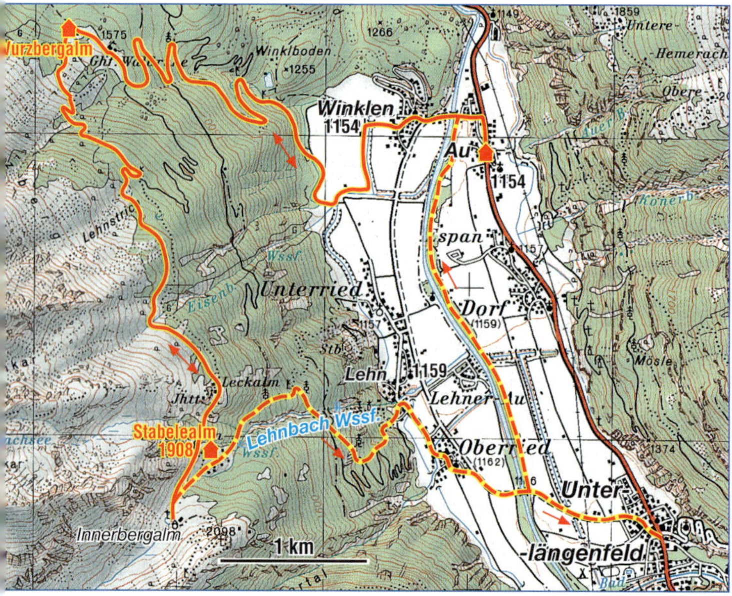

Die unbekannte Frau von Luibis

Der Hirte auf der Alpe Innerberg war allein auf der Alm, da sein Kamerad nach Längenfeld hinunter gegangen war. Er hatte das Vieh in das Felderkar getrieben und setzte sich auf einem erhöhten Platz zur Ruhe nieder. Da erblickte er gegenüber unter den Felsen eine weibliche Gestalt. Er sah genau hin und erkannte, dass sie strickte. Sie trug ein weißes Fürtuch, einen runden, zugespitzten Hut und Ohrringe. Sie war sehr schön. „Wie kommt eine weibliche Person in diese abgelege Gegend?", sagte er zu sich. Es erfasste ihn ein durchdringender Schauder, es wurde ihm ganz unheimlich zumute. Kaum neigte sich der Tag, da eilte er mit der Herde der Hütte zu. Auf der Alphütte im Inneren Berg hielt es ihn jedoch nicht lange allein. So eilte er, sobald die wichtigsten Arbeiten getan waren und so schnell ihn seine Füße trugen, zur Almhütte auf der Leck.

Der Hirt auf der Leckalm hatte ein gewaltiges Feuer in seiner Hütte und einen gewaltigen Stock an seiner Seite. Ganz aufgeregt empfing er den Hirten vom Innerberg: „Heute triffst du mich, Nachbar, in einem kuriosen Zustand an. Ich bin heute allein. Diese Einsamkeit wünsche ich aber nicht mehr." Auf die Frage des Innerberger Hirten, was denn los sei, erzählte er: „Vor kurzer Zeit kam eine Weibsperson hierher, welche sich sehr frech und zudringlich gegen mich benahm. All mein Lärmen, Schreien, Abweisen, Fluchen und andere Grobheiten halfen nichts. Endlich ergriff ich diesen massiven Stock allda und abwehrend flüchtete ich in die Hütte und machte das Feuer an. Hierher folgte sie nicht. Ach wie froh bin ich, dass du hierher zu mir gekommen bist." Daraufhin erzählte der Hirt vom Inneren Berg sein Erlebnis. Beiden erschien es unmöglich, dass dieses Weibsbild in dieser kurzen Zeit und dazu auf einem anderen Weg zur Leck habe kommen können. Das könnte nichts Rechtes sein, urteilten die beiden Männer.

Diese unbekannte Frau wurde noch von anderen Leuten in diesem Gebirge gesehen …
(Pfarrarchiv Längenfeld, ca. 1845)

Die Kapelle auf Köfels

Auf der Alpe Wurzberg, beiläufig eine Stunde vom Dorf Köfels entfernt, weidete wieder zur Sommerzeit das Vieh und die Hirten knallten mit der Peitsche, dass es ringsum die Leute an die Alm gemahnte. Die Kühe grasten munter und sicher an den Höhen herum, kein Unfall trübte die Fröhlichkeit der Hirten und nachdem die Sonne hinter die Berge gegangen, kehrten die Kühe unter dem Klang der Singeisen und dem Geklinge der Schellen zu den Theien (Almhütten) zurück. Der Melcher nahm ihnen sofort ihre Last ab und dann ruhten sie aus. In der Hütte wiederum verrichteten der Senn und die Hirten noch ihre abendlichen Geschäfte und lagerten sich dann um das Feuer, eine Pfeife schmauchend.

Des Morgens früh, sobald auf den gegenüberliegenden Felsenkuppen die Sonne hervorstrahlte, trabten die Kühe wieder auf die Weideplätze, welche der Hirt für dieses Mal bestimmt hatte, und so ging der Tag unter den gewöhnlichen Geschäften ohne alle Störung vorüber.

Eines Tages, als die Kühe wieder heimkehrten, kamen sie plötzlich so in Unordnung und Verwirrung, dass sie alle auseinander sprangen. Die Älpler wunderten sich, was denn das sei, und sahen zu ihrer größten Bestürzung einen jungen Stier, der nicht zur Herde gehörte und auch sonst ein gar sonderbares Aussehen hatte. Während der Senner, der Melcher und der Geißhirt ganz verwirrt dreinsahen und sich gar nicht mehr zu helfen wussten, verlor der Kuhhirt die Geistesgegenwart nicht und schickte sich an, dem jungen Stier seine Geißel zu zeigen und fühlen zu lassen. Doch derselbe hatte sich unterdessen aus dem Staub gemacht.

Die Sonne schaute wieder freundlich hinter dem Berg hervor, und die Kühe weideten auf der Anhöhe hinter der Hütte. Bald neigte sich der Tag und die Kühe zogen eine nach der anderen in schöner Ordnung der Hütte zu. Plötzlich kam die Herde in Unordnung, dass alle auseinander stoben. Mit zornigem Blick gewahrte der Hirt den jungen Stier, riss eine Latte von der Einzäunung herab und sprang wütend auf den Stier los. Dieser stellte sich vor den erstaunten Hirten. Wie der Hirt merkte, dass der Stier einen Ansprung nehmen wollte, warf er die Latte weg und lief aus allen Kräften davon und der Stier ihm nach. Über Stock und Stein, Hügel und Gestrüpp ging es fort bis zum Dorf Köfels. Schon glaubte der Hirt, den Atem nicht mehr aufbringen zu können, und die Angst steigerte sich zum höchsten Grad. Nirgends erspähte er eine Hilfe und der Stier folgte in gleicher Wut ihm auf dem Fuße nach.

Jetzt gelangte er zum Abhang, wo der Weg steil hinunter führt, und fast wollte ihm vorkommen, er müsste hier erliegen.

In dieser Angst versprach er, an dieser Stelle eine Kapelle zu erbauen. In diesem Augenblick verschwand der Stier. So kam es zum Bau der Kapelle auf Köfels. (Stippler, ca. 1850)

Variante

Von der Wurzbergalm über Köfels nach Umhausen absteigen oder auf dem neuen 3 km langen, mustergültig wieder instand gesetzten Köfler Waalweg ins Fundustal (siehe Tour 6).

Schalenstein bei der Innerbergalm

Tour 11

Lourdeskapelle und Grantbichl

Im Lerchenwaldele bei Dorf

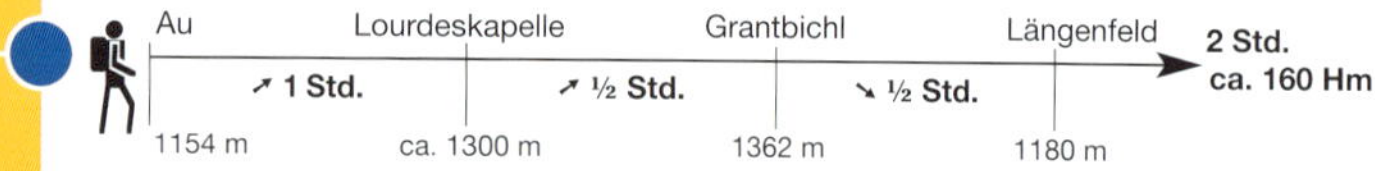

Ausgangspunkt: Dorf/Bushaltestelle (1154 m).
Gehzeit / Höhenunterschied: Ca. 2 Std., ca. 160 Hm.
Wegbeschaffenheit: Bequemer, breiter Wald-Wanderweg, der auch als „Berglauf"-Strecke für Nordic Walking genutzt wird.
Einkehrmöglichkeit: Gh. in Unterlängenfeld.

Bei dieser kurzen Wanderung ist Gelegenheit geboten, einen Teil des weiten Längenfelder Talbeckens auch von oben zu sehen. Diese mehr als sieben Kilometer lange, durchaus ebene Fläche zwischen Nösslach und Huben entstand, so berichten mündliche Überlieferung und neuere Forschung, aus einem See, der um 1000 n. Chr. abfloss. Dann erst entstanden die ersten Siedlungen am Talboden.

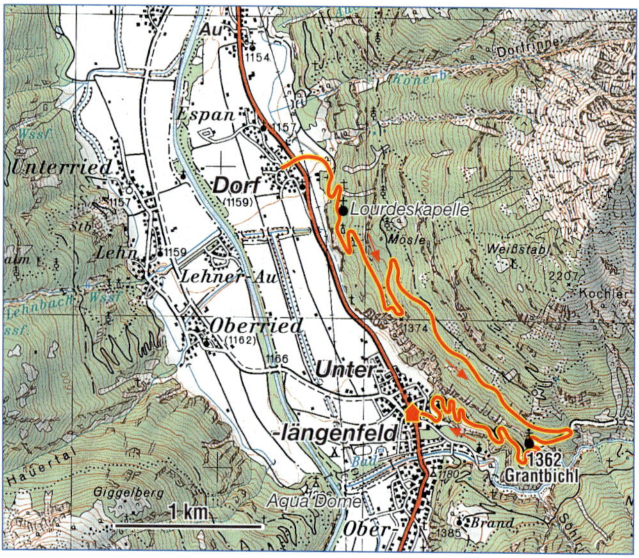

Wegverlauf

Der Weg folgt teilweise entlang der neuen Berglaufstrecke Nr. 11 („Berglauf Gries“), speziell entwickelt und geeignet für Nordic Walking. Vom Ort **Dorf** durch die Unterführung der Bundesstraße und über einen Forstweg zur Lourdeskapelle. Knapp unter der **Lourdeskapelle** befindet sich der **Rötelstein**. Dort haben sich mehrmals höchst merkwürdige Sachen ereignet. Es ist nämlich einer der Plätze geheimnisvoller „Vorweilungen“, die dem „zweiten Gesicht“ einiger Ötztaler

Im Lerchenwaldele bei Dorf

Dort liegt ein Stein, und in dem sind noch ganz deutlich Fußspuren bemerkbar. Den Eindruck des einen Fußes kann man freilich nicht mehr gar deutlich ausnehmen, es sind bloß noch die fünf Zehen sichtlich. Aber der andere Fußstapfen ist noch heutiges Tages etwa 2 Zoll tief und sehr deutlich. Das kommt auch von dem Bilderfrevel her.

Es kam einmal ein Geißhirt aus Dorf desselbigen Weges und fing an furchtbar zu fluchen, weil ihm die Geißen nicht nach seinem Willen thaten, und dann riß er ein Muttergottesbild, das dort aufgerichtet war, herab und schleuderte es weit von sich. Das Bild war gleich wieder am alten Platz, doch dieß Wunder brachte den entarteten Buben noch nicht zur Besinnung, er schleuderte das Bild mit neuem Ingrimm hinab gegen einen Felsen. Da packte ihn jedoch plötzlich eine Furcht und es wurde ihm gar trüb und düster zu Sinn. Und er sank langsam in die Erde, und wo er auch hinstand, wollte ihn der Boden nimmer tragen. Da flüchtete er sich auf einen Stein in der Nähe, aber auch in diesen sank er ein, als wär' es Butter. Da bemerkte er, daß das Bild wieder an seinem Platze war, er that der Mutter Gottes aufrichtige Abbitte und empfand tiefe Reue, und der Boden unter seinen Füßen war wieder fest. Er beweinte diesen Frevel sein Leben lang und wurde ein braver Mensch. Heutiges Tags befindet sich das Muttergottesbild nicht mehr daselbst, sondern eins des hl. Oswald, zu dem die Schulkinder im Sommer oft hinaus wallfahrten.“ (Alpenburg, 1861)

Die „modern"-kitschige Lourdeskapelle

und Ötztalerinnen zuzuordnen sind. Verschiedene Personen, darunter auch meine Mutter, berichteten von Lichtern, die dort in der Nacht über den Felsen gefallen sind. Diese Lichter haben „gemaahrt", also ungewöhnliche Todesfälle angekündigt. Oft ist zur gleichen Stunde dann eine Person zu Tode gekommen, zumeist durch ein Unglück.

Von der Kapelle weiter hinauf zum **Höhenweg** und diesem folgend bis zur Landesstraße nach Gries. Irgendwo in diese Gegend lokalisiert Freiherr Ritter von Alpenburg die Sage vom Lerchenwaldele. Von dort abwärts zur oberen **Kapelle** an der Grieser Straße und hinunter nach **Unterlängenfeld**.

Zur Wallfahrtskirche Maria Hilf in Gries

Die große Glocke von Gries

Oberlängenfeld – ↗ 1½ Std. – Gries – ↘ ¾ Std. – Unterlehn – ↘ ¾ Std. – Unterlängenfeld – **3 Std. 390 Hm**

1180 m – 1569 m – 1499 m – 1180 m

Ausgangspunkt: Oberlängenfeld, Pfarrkirche.
Gehzeit / Höhenunterschied: 2½–3 Std., 390 Hm.
Wegbeschaffenheit: Überwiegend Waldwege, im unteren Teil steil. Teils auch entlang der Straße.
Einkehrmöglichkeit: Gh. in Gries und Untenlehn.

Gries im Sulztal ist einer der bedeutendsten Wallfahrtsorte der Region, hier wird seit über 350 Jahren das wundertätige Gnadenbild „Maria Hilf“ verehrt. Es ist eine Kopie der berühmten Madonna von Lucas Cranach. Während des Zweiten Weltkrieges war das Original vom Dom zu Innsbruck hier in Gries aufbewahrt worden. Die Entstehungslegende der Grieser Kapelle ist an der Unterseite der Empore illustriert (siehe Abb. S. 57). Sie kündet von einem höchst interessanten Ereignis, dessen Hintergründe im Dunkeln der alten Steinkulte liegen dürften: Die frommen Grieser hatten also neben ihren Häusern einen Steinhaufen aufgeschichtet. An diesem alten Platz der Übergänge von einem Tal ins andere lag vielleicht ein alter Kultplatz, vielleicht verknüpft mit der Verehrung einer Frau, einer Mutter. An diesem an sich unwirtlichen Ort sollte dann eine Kirche gebaut werden, so wünschte es der fromme Pilger, „darin Maria Hilf rasten“ solle. Bei genauer Betrachtung des Gemäldes fällt auf, dass der fromme Mann auf seinem Umhang die Jakobsmuschel als Zeichen des Jakobspilgers trägt.
Die noch immer viel besuchte Wallfahrt ist im „Mirakelbuch von Gries im Sulztal“ dokumentiert. Es überliefert eine Fülle zum Teil sehr merkwürdiger Ereignisse, berichtet von Heilungen und Wundertaten. Gries scheint ein besonderer Platz zu sein, das bezeugen auch die mehr als zehn Sagen, die zu diesem Ort überliefert sind und von Christian Falkner gesammelt wurden.

Wegverlauf

Empfehlenswert ist der Waldweg auf der so genannten „Neder“ (also der Schattenseite), der knapp hinter der Pfarrkirche neben dem bemalten Haus Nr. 4 beginnt und bequem und schattig bis **Gries** führt. Früher wurde dieser Weg „Spohnsteig“ genannt. Nur während der ersten 30 Minuten führt er steil bergan. Unten in der Schlucht rauscht der wilde, der gefürchtete Fischbach. Der Weg quert mehrere große Lawinen- und Murstriche.

Die große Glocke von Gries

Durch ein Seitental steigt man von Längenfeld aus nach dem kleinen Dörflein Gries hinauf, das allen Ötztalern durch sein wundertätiges Gnadenbild lieb ist. Von ihm erzählt man seit alten Zeiten: Da sei einmal ein fremder Pilger nach Gries gekommen und mahnte recht eindringlich, ein Kirchlein zu bauen, „weil Maria Hilf allda gern rasten möcht!“ Wie er gekommen, so verschwand er wieder. Die Grieser waren fromme Leute, hatten die Muttergottes recht gern und bauten ihr zu Ehren ein Kirchlein und ließen eine schöne große Glocke gießen. Aber die Längenfelder waren ihnen neidig und sagten, die neue Glocke sei gerade für sie selber, und hingen sie in ihren Kirchturm. Als sie läuten wollten, schlug der Klöppel nicht an. Dafür hörte man eine Stimme:

„Anna Maria heiß i,
Alle Wetter vertreib i.
Zu Gries im Kirchturm bleib i.“

Da schämten sich die Längenfelder und schickten die Glocke gleich hinauf nach Gries, wo sie hingehörte. Dort schlug sie geschwind an und klang gar rein und schön. Noch zogen sie zu Gries mit aller Kraft am Glockenstrick, als vom Fenster her ein schweres Hochgewitter aufzog. Mitten ins Läuten hinein hörte man eine Murenhexe rufen: „Laß an, Laß an!“ Darauf eine andere: „I kann nit, die Grieser große Glocke schreit!“ So ist es geblieben. Selbst im Weltkrieg blieb sie verschont und es bewahrheitete sich ihr Spruch: „Alle Wetter vertreib i, Zu Gries im Kirchturm bleib i!“ (Falkner)

Die Wallfahrtskirche von Gries

Der **Rückweg** führt nun auf der Sonnenseite ca. 5 km der Straße entlang (im Hochsommer mitunter sehr heiß), vorbei am Hof **Untenlehn** (oder Unterlehn), so genannt wegen der gefährlichen Lawinen, die vor und nach dem Hof niedergehen und mehrmals den Hof gefährdet und teilweise beschädigt haben. Auch dort handeln mehrere Sagen. An mehreren Stellen öffnen sich besonders eindrucksvolle Blicke auf den Hauerkamm. Knapp unterhalb von Gries hat der Maler Albin Egger-Lienz das Motiv „Bergraum" gefunden. Beinahe schon am Ende der etwas beschwerlichen Wanderung auf der Schotterstraße und kurz vor dem Abstieg nach Unterlängenfeld heißt es „**Trujen**". Das ist der Weg der Viehtriebe und dort

Der Geißhirt

Nordöstlich vom Dorf Längenfeld erhebt sich ein hügelartiger Vorsprung, der sich an der Hinterseite an den Berg anlehnt und im Volksmund „Trüien" heißt. Auf der Höhe steht eine kleine Kapelle und der Weg, der nach Gries führt, ist allerwärts mit zahlreichen Bildstöcken und Marterlen besetzt...
Da hinauf trieb der Hirt alle Morgen seine Geißen und Böcke. Er war aber ein böser, schlimmer Bube und hatte sich durch manche Schelmenstücke in einen gar üblen Ruf gebracht. Wenn er die Höhe erreicht hatte, schwang er nach Leibeskräften die Geißel die längste Zeit so, dass es von den Felsen widerhallte und die Leute im Dorf sich darob gar gröblich ärgerten und meinten, er solle gescheiter die Ziegen auf den Weideplatz führen. Hatte er sich im Knalle der Peitsche genügsam ergötzt, so begann er seine Lust im Werfen zu erproben und wählte sich hiezu die Bildsäulen und Marterlen zur Zielscheibe. Wenn er sich auch das ausgetobt hatte, lief er endlich den Geißen nach. Auf dem Heimweg machte er es nicht besser und warf wieder mit Steinen auf die Bildsäulen. So wiederholte er tagtäglich das alte Spiel und achtete nicht im mindesten auf die Zurechtweisung der Leute, die ihn deswegen ernsthaft zur Rede stellten.
Wie er nun wieder einmal eines Abends die Herde über den Abhang hinunter getrieben hatte, sammelte er sich passende Kiesel und warf nach Herzenslust mit einer steigenden Sucht nach dem gewohnten Ziel. Er wollte sich eben um neue Steine bücken. Aber siehe, da krabbelte ein scheußlicher Drache mit zahllosen Füßen und Köpfen von oben herab und glotzte den zagenden Buben fürchterlich an. Dieser wollte lustig davonlaufen, aber der feste Boden war mürbe unter ihm und bald war er mit entsetzlichem Schreien und Jammern versunken und der moorige Grund schloss sich wieder zur festen Masse über seinem Kopf zusammen.
Zum abschreckenden Denkmal blieben die lichtgrauen Fährten des Untieres und die letzten Schritte des toten Hirten sichtbar.
(Stippler, ca. 1850)

Das Deckengemälde unter der Empore der Wallfahrtskirche in Gries illustriert die Entstehungslegende. Der Jakobspilger ist deutlich zu erkennen.

wurde eine kleine Kapelle errichtet. Vielleicht auf dem in der Sage vom Geißhirt beschriebenen Stein, auf dem die „lichtgrauen Fährten des Untieres und die letzten Schritte des toten Hirten“ sichtbar waren?

„Trujen“ ist übrigens eines der ganz alten Worte, die höchstwahrscheinlich in einer präindoeuropäischen Sprache wurzeln. Es bedeutet Viehtrieb. Ähnlich alt und geheimnisvoll sind Worte wie „Prenta“, mit dem die im Längenfelder Talbecken häufigen Talnebel bezeichnet werden, oder die „Gonda“ genannten Geröll-Steilhänge im Sulztal. Auf den Spuren alter und ältester Kultur begegnen uns diese Sprachdokumente mit einem vermutlichen Alter von 6000 oder noch mehr Jahren.

Tour 13

Zur Amberger Hütte im Sulztal

Der Geist von Schranegg

Gries		Vd. Sulztalalm		Amberger Hütte	2½ Std. ca. 570 Hm
1569 m	↗ 1½ Std.	1898 m	↗ 1 Std.	2136 m	

Ausgangspunkt: Gries im Sulztal. Busverbindung von Längenfeld.
Gehzeit / Höhenunterschied: Ca. 4½ Std. für den Hin- und Rückweg, 570 Hm im Auf- und Abstieg.
Wegbeschaffenheit: Bequemer Bergwanderweg.
Einkehrmöglichkeit: Mehrere Gh. in Gries, Amberger Hütte und Sulztalalm.

Vielfältiges, teilweise Geheimnisvolles und „sagenhaft Aktuelles“ wird auf den Wegen ins hinterste Sulztal erwandert: Wir kommen an einem archaisch wirkenden, mehr als 350 Jahre alten Salzkasten aus Holz bei der vorderen Sulztalalm vorbei, besuchen einen echten Schwefelsee hinter der Amberger Hütte, begegnen einer Vielfalt an Sagen und können uns aus aktuellem Anlass (vielleicht ein Akzent für eine künftige Sagenbildung) mit dem geplanten Stausee der TIWAG (Landeselektrizitätsgesellschaft) bei der hinteren Sulztalalm auseinander setzen.

Die hintere Sulztalalm

Wegverlauf

Bis zur vorderen **Sulztalalm** führt ein bequemer Bergwanderweg, immer leicht ansteigend und überwiegend im Wald, vorbei am reißenden Fischbach. Nach den Plänen der TIWAG sollen im Bereich der hinteren Sulztalalm hinter einer mehr als 150 Meter hohen Mauer 120 Millionen Kubikmeter Wasser gestaut werden. Proteste hat es gegeben und wird es geben; Nachrichten und Mahnungen an die Nachwelt. In der Sage „Von einer Hexe erschlagen" wird von einem Unglück berichtet, das mit dem Ruf aus dem Berg: „Die Stund ist aus / Die Stund ist gar / Und der Mensch ist no nit da" angekündigt worden war. Mehrfach in den vergangenen Jahrhunderten

Der Geist von Schranegg

Schranegg nennt man eine Bergmahd am Fuße des Schrankogels im hinteren Sulztale. Dort sei vor alten Zeiten einmal eine Sennhütte gestanden und drinnen habe ein wilder, grausamer Jäger gehaust. Der hat alle Fremden, die vorbeikamen, ausgeraubt und sie dann über den Kofl in den Bach hinabgeworfen. Doch der Krug geht so lange zum Brunnen, bis er bricht. Einmal stieg wieder ein Fremder den steilen Pfad hinauf gegen die Hütte und hinter ihm zwei bewaffnete Männer. Diese versteckten sich in der Nähe der Hütte und beobachteten genau, was der wilde Jäger tun werde. Und richtig stürzte er sich auf den Fremden, erschlug ihn mit einer gewaltigen Keule und warf den Zerschmetterten in den Wildbach hinab. Jetzt traten die beiden Versteckten vor und gingen auf den Mörder zu. Dieser sah sie, winkte ihnen freundlich, heraufzukommen. Als sie näher kamen, erhob er seinen Mordprügel und wollte auch diese beiden erschlagen. Der eine von beiden schoss jedoch schnell und traf den wilden Jäger in den Kopf. Lange Jahre später soll es in jener Hütte gegeistert haben. Um Mitternacht hörte man Poltern, wildes Herumlaufen und anderen Lärm. Das war so unheimlich, dass kein Mensch mehr sich in jener Sennhütte aufhalten wollte. Eine Lawine hat sie dann weggerissen über die Felsen in den Bach hinunter. Die Hütte wurde nicht mehr aufgebaut. (Falkner)

Die Sulztaler Alpe

Der Talschluss des Sulztales nach einer Skizze von A. v. Pallocsay gez. von E. T. Compton, Zeitschrift des D. u. Ö. AV, 1889

Sie liegt am Fuße des Schrankogels im Sulztal bei Längenfeld zwischen hochragenden Gipfeln am wildschäumenden Bach. Obwohl sie nahe bei Gries liegt, gehört sie doch der Gemeinde Längenfeld. Die Sage erzählt uns, wie dies gekommen ist. Vor etlichen hundert Jahren kam in einem heißen Sommer die Pest ins Tal. Sie wütete furchtbar. Vielen Leuten schaufelte sie das Grab, die anderen ergriffen die Flucht. Schließlich waren in Gries nur mehr zwei alte Weiblein übrig. Die hausten ganz allein, bis sie beide nichts mehr zu essen hatten. Die Armen waren in einer verzweifelten Lage, sie hatten keine Kleider, um auswandern zu können. Da kam ein Mann von Längenfeld herauf; den bettelten die beiden Weiblein um einen Rock an. Weil sie aber zum Bezahlen kein Geld hatten, schenkten sie den Längenfeldern die Sulztaler Alpe.
So kamen die Längenfelder in Besitz dieser Alm, wohin sie heute noch ihr Vieh treiben.
(Falkner)

wurde Gries von Muren und Lawinen heimgesucht, zuletzt auch wieder im August 2005. Umso wichtiger finden die Leute des Tales, die gigantische Staumauer widerständig abwehren zu können. Vielleicht erbitten sie bei Maria Hilf in Gries umso inniger den Schutz vor Muren, Katastrophen, Ausverkauf, Unterwassersetzung der Almen und sonstigem Unheil.
Von der **Amberger Hütte** aus ist in einigen Minuten der kleine Schwefelsee erreichbar. Wer noch weiter bis zum Sulztalferner gehen möchte, muss mit fast 1½ Stunden rechnen. Eindrucksvoll ist der steil aufragende Schrankogel (3497 m) und im Hintergrund die vom Bockkogelferner umrahmte Mutterberger Seespitze (3302 m). Sie gehört zu den geheimnisvollen „Mut"-Bergen, (wie die Hohe Mut in Gurgl, der Mutsbichl bei Vent, die Mutmalspitze neben dem Similaun, die Muthöfe und Mutberge oberhalb von Meran und viele andere. Allein im Bereich der Ötztaler und Stubaier Alpen gibt es fast 20 davon.
Rückweg wie Hinweg.

Variante

Ohne viel Mühe kann der Abstieg nach Oberlängenfeld über die „Neder" zu Fuß erfolgen (siehe Tour 12).

Tour 14

Pestkapelle und Teufelskanzel

Der flammende Irrwisch und die Schönfiecht-Mure

Längenfeld		Pestkapelle		Teufelskanzel		Astlehn		Runhof	
	↗ ½ Std.		↗ 1 Std.		↘ ¾ Std.		→ ½ Std.		2¾ Std. ca. 200 Hm
1180 m		1206 m		1366 m		1180 m		1185 m	

Ausgangspunkt: Oberlängenfeld, bei der Anlage Aqua Dome.
Gehzeit / Höhenunterschied: 2¾–3 Std., ca. 200 Hm.
Wegbeschaffenheit: Bequeme, sanft ansteigende Waldwege.
Einkehrmöglichkeit: Gh. in Oberlängenfeld.

Auf dieser Wanderung blickt man von oben auf das alte und das neue Längenfeld: Erst jüngst ist eine der größten Thermenanlagen am Zusammenfluss des Fischbaches mit der Ötztaler Ache entstanden. Die geringe Menge Schwefelwasser, seit Jahrhunderten im alten Kurbad genutzt, und jetzt in den neuen zeitgeistigen Wellness-Gesundheitstempel geleitet, soll dem Image des ehemaligen Kurortes Längenfeld zu neuem Glanz verhelfen. „Euer Längenfeld ist also wirklich sehr sehr hübsch, das Schönste daran wohl der Blick über die grüne Talbreite talabwärts. Da kann einem das Herz aufgehen“, so schrieb am 24. Juli 1906 der allseits bekannte Dichter Christian Morgenstern. Was davon ist geblieben?
Knapp oberhalb befindet sich sozusagen der spirituelle Kontrast zum neuen Aqua Dome, die um 1650 gebaute Pestkapelle, auch Bichlkirche genannt. Ein Kultort mit vielfältigen Erinnerungen und Bezügen. Es lebte dort ein frommer Einsiedler. Dort wurden auch einige Pesttote begraben. In der kostbar ausgestatteten Kirche hat der berühmte Maler Albin Egger-Lienz seine Staffelei aufgestellt und einige seiner hochgeschätzten Kunstwerke geschaffen.

Mehrfach haben Naturkatastrophen den kleinen Ort Gottsgut heimgesucht. Dieses ehemals fruchtbare „Gottesfeld“ ist Gegenstand von Sagen und sagenhaften Ereignissen. Es soll dort in einigen Nächten der Totentanz stattfinden. Dann soll ein Mann als flammender Irrwisch erscheinen, der wegen ei-

Vom Frauenstein in Längenfeld

Zwischen Kropfbühel und Unterastlen, im Stinker genannt, wohnten vor Zeiten wilde Fräulein, Sie hatten sich dort eine neun Stufen tiefe Höhle gegraben. Auch hatten sie einen eigenen Stein, auf dem sie sich sehen ließen und der deshalb Frauenstein heißt. Man sah sie oft auf demselben sitzen, wie sie ihre blonden Haare kämmten und schöne Lieder sangen. Nahte sich ihnen ein Mensch, so zogen sie sich schnell in ihre Höhle zurück. Ebenso hausten auch zwischen dem Franzenhaus (bei Huben) und Plategg wilde Fräulein. (Stippler, ca. 1850)

nes Unrechtes in dieser Weise bis zum Jüngsten Gericht büßen muss. Dieser Geschichte wird ein konkretes Ereignis zugrunde liegen.

Wegverlauf

Im Laufe des Jahres 2006 wird der gesamte als „Duringweg" gekennzeichnete Höhenweg instand gesetzt und verbessert. Zwischen der Pestkapelle und der Teufelskanzel folgt er der Trasse des alten „Dr.-Knoll-Gesundheitsweges". Der Aufstieg

Die aussichtsreiche Teufelskanzel

beginnt unmittelbar nach der Mündung des Fischbaches in die Ötztaler Ache (nahe dem Aqua Dome) nach der Brücke über die Ache. Nach knapp 20 Minuten wird die **Pestkapelle** erreicht. Von dort führen die gekennzeichneten Wege unter anderem zur **Teufelskanzel**. Sie liegt auf dem kleinen Felszacken, geschützt mit einem Gitter. Niemand weiß so recht, wie diese steil über dem Felsen stehende Kanzel ihren Namen erhielt. Keine Sage konnte ich dazu auffinden. Doch jeder Wanderer oder Pilger kann die Kraft des Platzes erspüren. Von dort aus überrascht die schöne Aussicht auf den oberen Teil des Längenfelder Beckens und die umgebenden Berge.

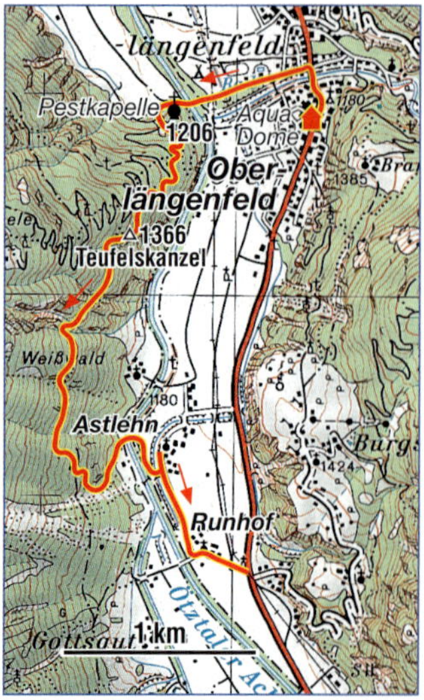

Am Talboden befinden sich nebeneinander die Orte Unterastlehn, Oberastlehn, Gottsgut und Runhof. Alle stehen in engs-

Der flammende Irrwisch

Nach einem schrecklichen und verheerenden Ausbruch der Ache wurde im Jahre 1678 der Bachlauf verändert. Daraufhin gab es viel Streit und ein umstrittenes Urteil durch einen fremden Richter. Eduard von Badenfeld weiß darüber 1825 zu berichten: „Die gekränkten Parteien verarmten und starben bald aus Kummer. Aber auch der ungerechte Richter und Gerichtsschreiber wurden bald vor den Richterstuhl der ewigen Gerechtigkeit geladen und dort verurteilt, als flammende Irrwische allnächtlich die ehemalige Bachrunst zu bezeichnen. Viele Landsleute, und selbst ein junger Ötztaler von höherer Bildung, behaupten, die Erscheinung gesehen zu haben“. (Badenfeld, 1825)

Die berüchtigte Schönfiecht-Mure

tem Zusammenhang mit teilweise katastrophalen Überschwemmungen durch die Ötztaler Ache. So auch in den Jahren 1600, 1678, 1845, 1848, dann auch wieder 1911 und 1987. In der Kapelle bei der unteren Ache-Brücke an der Zufahrt nach Huben sind einige dieser Jahreszahlen vermerkt. Vom Frauenstein bei Unterastlehn, der vor etlichen Jahren durch Sprengung und sonstige Kraftakte beseitigt wurde, berichtet eine Sage.
Empfohlen wird der **Abstieg** über die „Grieslehne" nach **Astlehn** oder der Rückweg nach **Längenfeld**. In **Runhof** („Am Sand") endet der Weg. Dort endet auch die gefürchtete Schönfiecht-Mure. Die heutige neue Siedlung liegt zur Gänze auf dem Schuttkegel der Mure. Der heilige Nepomuk in der neuen Kapelle an der Straße wird wohl – „sicher ist sicher" – für den nötigen Schutz sorgen.

Die Schönfiecht-Mure

Es war ein schöner Sommertag. Kein Wölklein schwebte am Himmel. Es rührte sich kein Zweiglein im nachbarlichen Wald und die funkelnde Sonne tränkte mir ihren Strahlen die Blumen des Feldes. Im freundlichen Weiler „Zu der Mühl" saß der Müller auf der hölzernen Bank, rauchte sein Pfeifchen und blies den blauen Rauch in die weite Welt hinaus, während innen die Räder knatterten und die Stampfen wergelten.
Plötzlich bogen um die Ecke des Hauses zwei Fremde, vornehme Frauen in blauen, weiten Gewändern, die daran ein Schlepp nachzogen. Sie schlichen in gemessenen Schritten mit fliegenden Haaren am staunenden Müller vorüber. „Potztausend, dos sein zwoa! Thiets amol in Weg kern?" Kein Sterbenswörtchen kam von ihren Lippen, als wären sie stumm und taub zugleich. Dem Müller kam das Ding nicht recht geheuer vor. Er stand von seinem Sitz auf und schaute den zwei Frauen bedenklich nach aus lauter „Wunder", was diese zwei etwa im Sinn hätten. Sie wandelten eine bedeutende Strecke weit über den Feldweg, dann schwenkten sie sofort über die Mühlbrücke und verschwanden eine Zeitlang dem nachsehenden Müller ins Dorf Huben. „Gewindrig" wie der Müller war, gaffte er nach den zwei Frauen, bis diese am Ende des Dorfes wieder zum Vorschein kamen. Sie schlenderten gerade dem Müller gegenüber den Bach entlang, auf dem Fahrwege fort, achteten auf nichts und redeten kein Wort. Auf einmal blieben beide stehen, schauten auf den Berg hinauf, von dem ein kleines Bächlein niederstürzte, und verschwanden. „Dos ischt nix Rechts", sprach der Müller und ging in die Mühle, wohin ihn die singende Schelle zum Aufschütteln rief.
Etliche Wochen hierauf ging eine erschreckliche Mure von dem Berg herab, auf den die zwei Frauen hinaufgeschaut hatten, und verwüstete alles ringsum. Der Müller gedachte der beiden Frauen und sagte hintennach: „Dos sein zwoa Hexen gewösn und hobm die Müera angelott." (Stippler, ca. 1850)

Höhenweg von Brand nach Burgstein

Der Palast der Saligen und der Adas-Bue

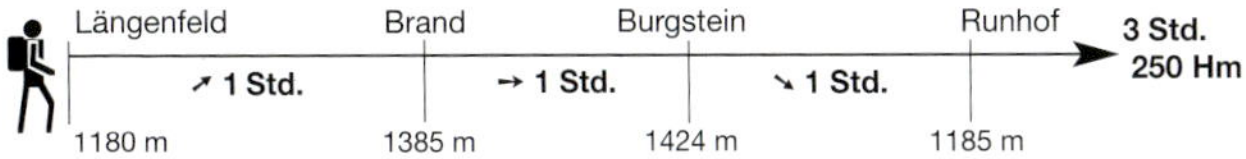

Ausgangspunkt: Der Aufstieg nach Brand beginnt in Oberlängenfeld (Bushaltestelle bei der Pfarrkirche), vorbei an der Kirche und am Friedhof sowie am Haus Nr. 4 mit den Fresken.
Gehzeit / Höhenunterschied: 3 Std., ca. 250 Hm.
Wegbeschaffenheit: Anspruchsvoll kupiert verlaufende Strecke, gut befestigte Feldwege, Waldwege und Asphalt.
Einkehrmöglichkeit: Gh. in Brand und Burgstein.

Burgstein ist eine der ältesten Ansiedlungen des Ötztales. Um die senkrecht aufragende Felswand rankt sich die Sage vom Palast der saligen Fräulein. Der inzwischen bekannt gewordene Schalenstein von Burgstein befindet sich im Feld eines Bauern und sollte unbedingt nur mit dessen Einwilligung („Jausenstation Siggi") oder im Rahmen einer Führung besucht werden. Burgstein ist auch Heimstätte des berühmt-berüchtigten „Adas-Buben", im Dialekt der „Oadas Büe" genannt. Dieser Raufer und „üble Spießgeselle" war überaus übel beleumdet und gefürchtet und fand ein böses Ende.

Blick auf das Längenfelder Talbecken

Wegverlauf

Der Höhenweg über **Brand** nach **Burgstein** ist sehr beliebt, auch wegen der Einkehrmöglichkeiten in Brand und Burgstein, vor allem aber wegen der eindrucksvollen Sicht auf das Längenfelder Talbecken und die gegenüber aufragenden Berge des Hauerkammes.

Vom Berghof „**Brand**“ führt der schmale, teilweise ausgesetzte und an markanten Stellen abgesicherte Steig das steile Gelände querend bis zum Weiler **Burgstein**. Neben dem Schalenstein

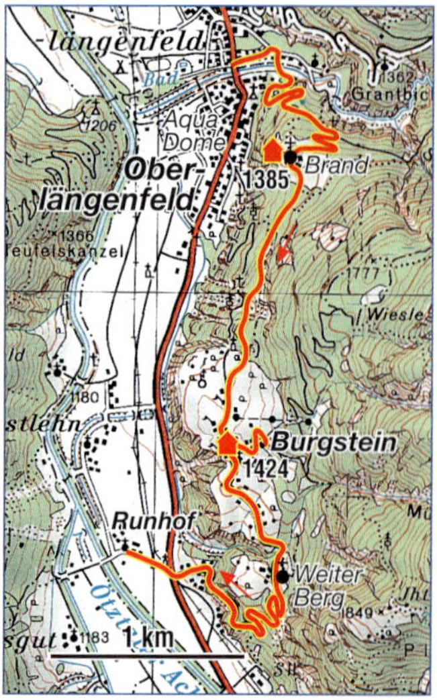

Die Saligen unter dem Burgstein

Unter der steil aufragenden Felswand von Burgstein hat sich der Sage nach der unterirdische Palast der Saligen befunden. Eines Tages kam ein junger Hirt aus Längenfeld dorthin, zu diesem „Wunderorte“, und es kam „eines der Wilden Fräulein aus der Höhle ... führte ihn in den Berg hinab, und machte ihn mit ihren Schwestern und dem ganzen Palaste bekannt“. Er durfte bleiben, musste aber versprechen, nie mehr zu jagen und das Geheimnis niemals preiszugeben. Jahrelang hielt er sein Versprechen. Schließlich, weil ihn die Sehnsucht schrecklich heimgesucht hatte, geschah das Unglück. Und er sah eine Gämse. Es knallt eine Büchse. „Aber in demselben Augenblicke stand die schönste der saligen Fräulein neben dem geängstigten Thiere – den letzten Abschied-Blick zürnend auf den armen Jümgling heftend, der, vom Verklärungsglanze geblendet, in den Abgrund stürzte.“ Genau dort, so wird bruchstückhaft in der Überlieferung berichtet, soll sich auch der Eingang ins Paradies befinden.
(nach Eduard von Badenfeld, 1825)

Der Schalenstein von Burgstein

dort befand sich bis vor einigen Jahren ein Kruzifix, zu dem die Bewohner von Burgstein aus besonderem Anlass, z. B. wenn wieder einmal andauernde Trockenheit herrschte, einen

Der Adas-Bue

In der Todtenkapelle zeigt man den ungewöhnlich grossen gespaltenen Schädel des verrufensten Roblers des Thales, des Adasbuben; gefürchtet von dem ganzen Thale, durchzog er mit seinen Spiessgesellen die weite Umgegend, seinen wilden Lüsten folgend; wer ihm widerstand, wurde unter Hohn und Spott gegen Gott gemordet, Häuser und Kirchen erbrochen und entweiht. Am Burgstein traf ihn sein Strafgericht; ein armer Bauer, dessen Haus er erbrach, ergriff seine Axt und gab dem eindringenden Adasbuben damit seinen Segen, dass er das Aufstehen vergaß. (Schaubach, 1845)

Bittgang durchführten. Dies bildet ein weiteres typisches Beispiel der christlichen Nutzung einer vorchristlichen Kultstätte. Der **Abstieg** vom Burgstein mit der sehr sehenswerten Kapelle (leider meist verschlossen!) zum Weiler „Weiter Berg" mit der ebenfalls sehenswerten kleinen Holzkapelle (Götsch-Altar) nach **Runhof** zur Bundesstraße bzw. nach Huben erfolgt auf der Straße. Auf diesem Weg werden wir mit der Sage von der Schönfiecht-Mure (siehe Tour 14) an die Ereignisse einer wilden Mure erinnert.

Ötztaler Leinen

Am Fuße der Burgsteiner Wand rieselte einst der „grüne Brunnen". Daneben lagen, begünstigt durch den damals feuchten und moosigen Talboden, die so genannten „Reasen". Das waren etwa vier auf vier Meter messende Vertiefungen, in denen mehrere Wochen der Flachs eingelegt und dann auf den Wiesen zum Trocknen und Bleichen aufgelegt wurde. Es habe im Spätherbst schrecklich nach Fäulnis gestunken. Endprodukt war das weiße Leinen, ein sogar international geschätztes Ötztaler Spezialprodukt, das den Leuten neben den kleinen Landwirtschaften das Überleben in Bescheidenheit ermöglichte und sie vor der andernorts üblichen Abwanderung bewahrte.

Von Huben zur Sattelalm

Des Bettlers Fluch

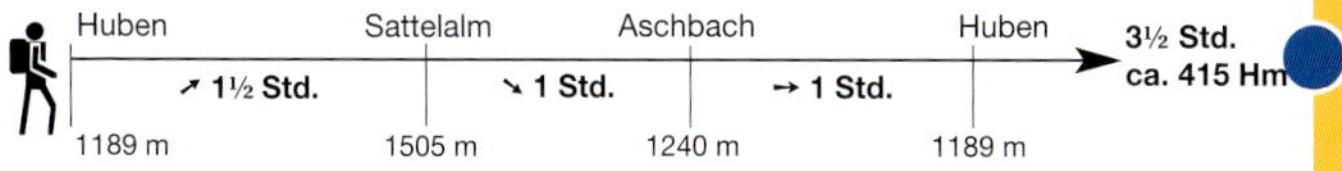

Ausgangspunkt: Huben, Nähe Camping- bzw. Sportplatz.
Gehzeit / Höhenunterschied: 3–3½ Std., ca. 415 Hm.
Wegbeschaffenheit: Steiler Fuß- oder breiter Forstweg zum Sattel. Mehrere Teilstücke des Abstiegs folgen der belebten Bundesstraße bzw. sind als Radwege gekennzeichnet.
Einkehrmöglichkeit: Gh. in Aschbach und Huben.

Wegverlauf

Von **Huben** aus (Bushaltestellen) zum Camping- bzw. Sportplatz weiter entweder auf dem steilen Fußweg oder auf dem bequemeren, aber langen (ca. 3 km) Forstweg (mit Taxibus

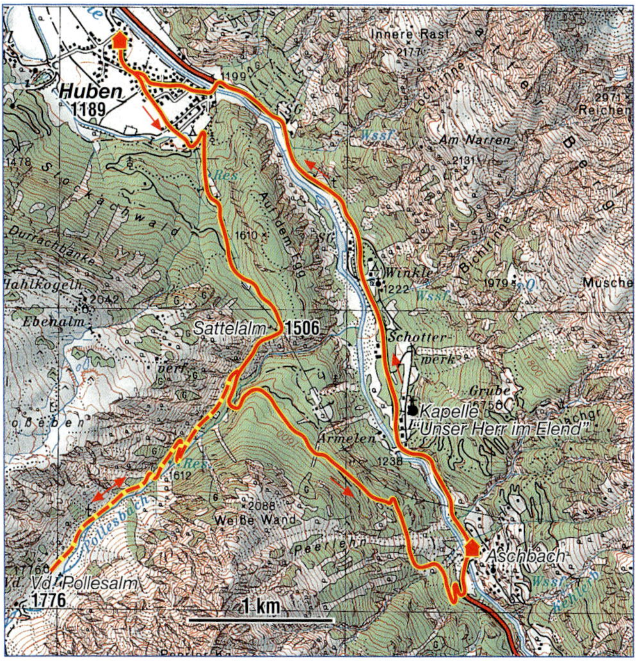

Ich erinnere mich: als Kind trieben wir unsere Schafe von Oberlängenfeld nach Bruggen. Immer empfanden wir die Enge nach Huben bedrückend, geheimnisvoll. Wir hatten vom „Löechbrunnen“ gehört, dass dort einst ein Bauernhof stand und eine Heilquelle entspringen soll, dass in diesem Gebiet als Folge der verheerenden Ausbrüche der Fernerseen von Vernagt mehrere ehemals blühende Bauernhöfe verschwunden seien und dass bei der Pollesschlucht der unheimliche „Platter-Putze“ geistert. Wir Kinder kannten die Sagen, die in dieser Gegend handeln.

„Unser Herr im Elend“ in Bruggen

In der Nähe des „Löechbrunnens“ stand auch das so genannte „Katzenhaus“, von dem Eduard von Badenfeld 1825 berichtete: „eine verödete Hütte, worin nach dem Glauben der Thalbewohner feindselige Hexen hausen, die zur Nachtzeit den Vorübergehenden den Weg versperren und sie in Katzengestalt necken und peinigen.“

Vor etwa 50 Jahren erzählte man sich auch, dass es nächtliche Bittgänge oder Prozessionen zu „Unserem Herrn im Elend“ gegeben habe und dass dahinter eine einheimische sektenähnliche Gruppe stünde. Später erfuhr ich, dass oben über den Felsen in einem dichten Wald und einer Höhle etliche Längenfelder Männer gegen Ende des Zweiten Weltkrieges als „Widerstandskämpfer“ tätig waren. Auch mein Vater war dabei.

befahrbar), fast immer im Wald, zum **Sattel** und zur Sattelalm (die derzeit bzw. vorübergehend nicht bewirtschaftet ist).
Von der **Sattelalm** wird der kurze Weiterweg zur eindrucksvollen **Pollesschlucht** empfohlen oder der zur vorderen bzw. „äußeren" Pollesalm (1776 m).
Beim **Abstieg** durch den Mühlwald nach **Aschbach** (der Weg mündet oberhalb des Ortes in die Bundesstraße) kann ein guter Überblick über die Verwüstungen gewonnen werden, die durch die mehrmaligen Ausbrüche des Fernersees von Vernagt (von 1600, 1678, 1845 und 1848) und durch Hochwässer der Ache angerichtet wurden. Es bestehen zwischen Aschbach und Huben mehrere Wüstungen, also Stätten ehemaliger Bauernhöfe. Eine davon ist der sagenhafte „Loach"-Brunnen, von dem im Zusammenhang mit Geisterspuk und anderen unheimlichen Begegnungen berichtet wird. Teilweise kann für den Rückweg der Radweg nach **Huben** oder die Bundesstraße benützt werden.

Des Bettlers Fluch

Wenn man durch die wilden Schluchten des Ötztales von Sölden gegen Huben herauswandert, kommt man nach anderthalb Stunden durch eine Talweitung. Es stehen dort „Auf der Bruggen", wie diese Gegend heißt, einige armselige Bauerngehöfte und ein Kirchlein und einige kleine Flecken mit Acker und Wiese.
Vor 100 und mehr Jahren waren „Auf der Bruggen" reiche Bauern mit großen schönen Äckern, viel Vieh und schönen Häusern. Doch die Leute waren geizig. Da kam einmal ein armer Mann, der bat um Gottes willen um einen Schluck Milch. Die Bäuerin aber schrie ihn an: „Du kannst Wasser trinken!" und warf ihm die Haustüre vor der Nase zu. Der Alte rief Gottes Fluch auf die reichen hartherzigen Bauern „auf der Bruggen" herunter. Er rief: „Auch du wirst bald Wasser trinken müssen!" Dann ging er.
Eine Woche später brach der Ferner aus und brachte so viel Wasser auf Bruggen, dass Hab und Gut und Grund und Boden fortgerissen wurden. Die stolzen Bauern waren Bettler. (Falkner)

Annäherung an Sölden

Der verhexte Butterkübel

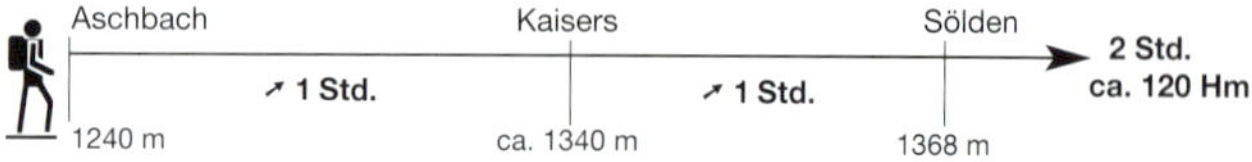

Ausgangspunkt: Bushaltestelle Aschbach.
Gehzeit / Höhenunterschied: Ca. 2 Std., ca. 120 Hm.

Wegbeschaffenheit: Sanft ansteigender, bequemer Höhenweg.
Einkehrmöglichkeit: Mehrere Gh. in Aschbach, in Höfle, Kaisers usw.

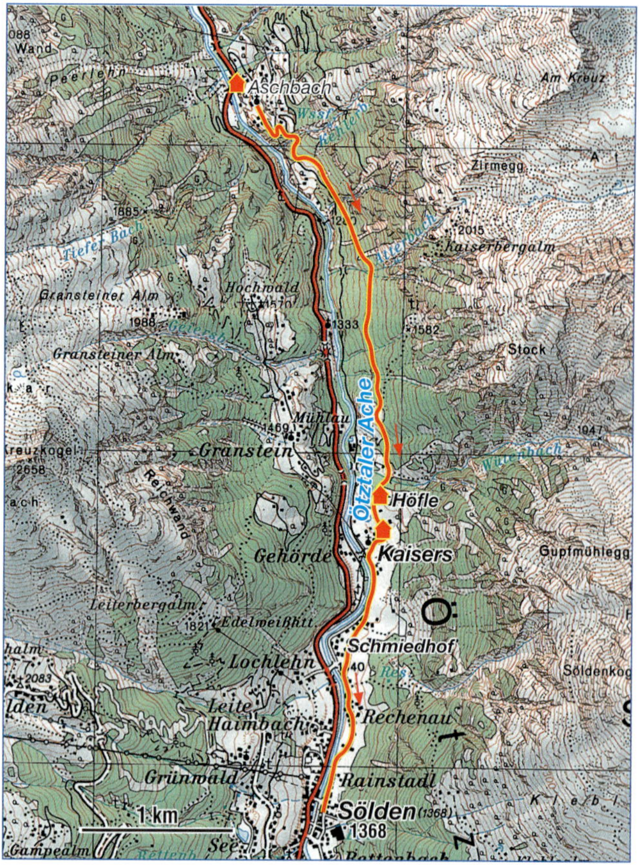

„Die Lage von Sölden ist äußerst idyllisch, und selbst der Anblick der schneebedeckten kahlen Jöcher im Hintergrunde erhöht noch den Reiz der anmuthigen Thalebene", notierte 1825 unser Weg- und Sagenbegleiter Eduard von Badenfeld. Knapp 200 Jahre später nannte ich Sölden boshaft das „porno alpin" und empfahl mich als Wanderführer durch zwei Kilometer „Beleidigungs-Architektur". Aber: Das „Ibiza der Alpen" kann auch anders sein. Christian Falkner, gebürtig aus Sölden, hat dort vielfältige und interessante Sagen gesammelt. Und wer weiß, vielleicht nehmen die neuesten tourismusgeilen „Events" am Gletscher nur die künftigen Untergangssagen vorweg? Trotz intensivsten Winter-Massentourismus werden die Bergwiesen ringsum noch immer gemäht. Funktionierende Landwirtschaften scheinen mit dem modernen Massentourismus wenigstens ansatzweise ineinander zu greifen. All das erfahren wir in dieser kontrastreichen, schrittweisen Annäherung an Sölden. Im Reich der Sagen und Mythen treffen wir dabei auf die Bäuerin mit dem verhexten Butterkübel und mit etwas Glück landen wir statt im Sölder Pornoschuppen im verhexten Kuhstall.

Tourismus-Geilheit in Sölden

Wegverlauf

Von **Aschbach** führt die Straße zu den Häusern vom äußeren zum inneren Brand. Auf einem gut ausgebauten Wander- und Waldweg geht es über den weit vorspringenden Felsblock „**Kaiser**“ (vielleicht eine lokal bedeutsame Kultstätte?) zum kleinen Weiler **Höfle** und weiter zum ehemals wichtigen Ort **Kaisers**. Dort stand einer der mächtigen Urhöfe des Tales. In der Folge werden die zur Gemeinde Sölden gehörigen Ortsteile **Schmiedhof** und **Reichenau** durchwandert. Knapp unter Kaisers kann auch die Brücke über die Ötztaler Ache benützt werden. Der Weiterweg führt zum Ort **Rettenbach** als Zentrum von Sölden mit Kirche, Friedhof und Hauptschule.

„Dorfparthie aus Sölden/Rettenbach“, Ch. Brizzi

Der verhexte Butterkübel und die verhexten Kühe

Einem Bauern in Sölden geschah das Unglück, dass er einmal keine Butter mehr machen konnte. Er konnte „das Kübel treiben“, wie lang er wollte, konnte den Rahm kalt oder warm machen, wie er wollte, es wurde einfach keine Butter, trotz oft stundenlangen Treibens. Der Bauer ging nun zu einem Hexenmeister um Rat. Der sagte, er solle eine glühende Sense in den Kübel stecken. Als er das nächste Mal beim Kübeltreiben wieder keinen Erfolg hatte, machte er nach dem Rat des Zauberers eine alte Sense im Feuer glühend und steckte sie in den Rahm im Kübel. Da fuhr die Hexe eiligst aus dem Kübel, ganz verbogen wurde die Sense. Der Bauer hatte nie mehr mit dem Butter zu leiden.

*

Im Grüne (Zwieselstein) trieb eine Bäuerin das „Küble“. Schon fast drei Stunden trieb sie, aber es wollte nicht buttern. Nachbarinnen rieten ihr, sie wolle Weihbrunnen in das Butterkübl schütten und wenn das nichts nütze, solle man eine Sense glühend machen und diese in den Rahm stecken und dabei beten. Dann müsse der böse Geist aus dem Rahm und gleich werde es Butter geben. Die Bäuerin tat nach diesem Rat, aber es half alles nichts. Darauf ging der Bauer zum Kuraten nach Sölden. Der dachte gleich, dass der böse Geist in der Kuh sei, von der die Milch komme. Am nächsten Tag, morgens, ging der Kurat nach Zwieselstein und las im dortigen Kirchlein die hl. Messe. Hernach ließ er sich in den verhexten Stall führen. Dort besprengte er den ganzen Stall. Als er zur schwarzen Kuh ging und sie mit Weihbrunnen anspritzte, fing diese an furchtbar zu lien (muhen), sie riss verzweifelt an der Kette und legte sich schließlich nieder. Als der Priester die Gebete gesprochen und geweihte Kräuter in den Barren gelegt hatte, wurde die Kuh ruhiger. Der Kurat befahl, das Kuhbett aufzunehmen. Man tat dies und es kamen lange Fingernägel und ein Knäuel roten Haares zum Vorschein. Das warf er in eigens gemachtes Feuer. Nun ward der Bann gebrochen und der Rahm butterte ohne Klage. (Falkner)

Tour 18

Kleblealm und Windachtal

Das alte Häuschen auf Stallwiese

Sölden		Kleblealm		Windachtal		Sölden	
	↗ 2 Std.		→ ½ Std.		↘ 1½ Std.		**4 Std.** **ca. 600 Hm**
1368 m		1983 m		1843 m		1368 m	

Ausgangspunkt: Ortszentrum von Sölden-Rettenbach.
Gehzeit / Höhenunterschied: Hin und zurück ca. 4 Std., 600 Hm.
Wegbeschaffenheit: Bequemer, überwiegend sanft ansteigender Höhen-Wanderweg bzw. die in Kehren bergaufführende (private) Zufahrtsstraße.
Einkehrmöglichkeit: Kleblealm.

Auf einer Art Sonnenterrasse über Sölden befindet sich die Almsiedlung der Kleblealm. Dort wohnen im Sommer noch immer mehrere Wochen die Sölder Bauern, mähen ihre steilen Bergwiesen, meist noch wie in alten Zeiten mit der Hand, und bringen das Heu in die Stadel. Am 15. August wird zum „Sennelar" geladen. Da werden den Besuchern Ötztaler Krapfen verabreicht. Es wird geplaudert, gefachsimpelt, philosophiert, räsoniert. Dort droben scheint die Bauernwelt noch immer „heil" zu sein, denn die Sölder Bauern halten viel auf ihre alte Bergbauernkultur und leben damit einen spannenden Kontrast zum winterlichen Massentourismus.

Wegverlauf

Der Anstieg führt von **Sölden-Rettenbach** über die Brücke und zum **Granbichl** (1405 m) und auf gut markiertem Weg teils durch den Wald bis knapp oberhalb der Waldgrenze zu den ersten Häusern und Hütten der **Almsiedlung**.
Der **Abstieg** kann auf dem gleichen Weg wie im Aufstieg erfolgen. Ich empfehle aber den Höhenweg in das **Windachtal**, der auf ca. 1840 Meter Höhe in den Hauptweg durch das Tal mündet. Weniger angenehm ist der lange Schotterweg. Im unteren Teil kann auf Fußwege ausgewichen werden, die im Ortsteil **Windau** in den Hauptweg münden. Mehrmals kann dabei die wilde Schlucht der Windache bestaunt werden.
Beim Abstieg in den Ortsteil Windau erinnert das neu errichtete gemeindeeigene Elektrizitätswerk nicht mehr an den

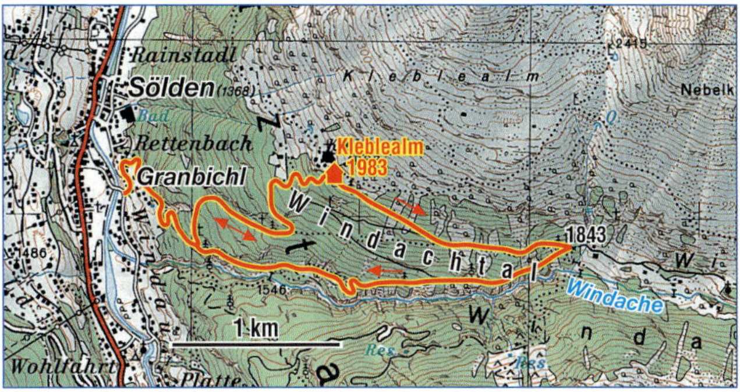

Schlangenfelsen mit seinen Schalen und der ca. 1½ Meter langen, aus dem Fels herausgeschlagenen Schlange. Denn beim Kraftwerksbau haben Bagger, Sprengladungen und andere Brutalakte diesem Kultfelsen ein Ende gesetzt. Energie,

Das alte Häuschen auf Stallwiese

Droben auf der „Stallwiese" unterhalb der Kleblealpe, wo jetzt die neue „Taia" steht, heißt man es beim „Häuslan". Das Haus war das ganze Jahr hindurch bewohnt. Vater, Mutter und zwei Kinder, ein Knabe und ein Mädchen, lebten dort glücklich beisammen. Einmal im Frühjahr machte es an einem Samstag einen großen Schnee, der aber sofort wieder aperte. Die Leute blieben am Sonntag dem Gottesdienste fern, weil der Weg zu gefährlich war. Da brach nun während des Gottesdienstes eine große Mure los, riss das Häuschen mitsamt seinen Bewohnern mit in die schaurige Tiefe. Die Mure grub eine tiefe steinige Rinne bis ins Tal hinunter und schüttete einen großen Schuttkegel gegenüber der Kirche von Sölden auf. „Rauchlehnbach" heißt die steile Murenrinne, die von Stallwiese über die Hänge des Söldenkogels ins Tal geht. Und wie alte Leute erzählen, sahen sie oft, wenn im Sommer beim Umgang um die Kirche die vier Evangelien gesungen wurden, drüben aus der Rauchlehnbachmure vier Köpfe sich aufrecken und andächtig zuhören. (Falkner)

Auf dem „Kleable“ oberhalb von Sölden (ca. um 1970)

seit Jahrtausenden genutzt, aus dem Boden kommend, für Sensible nutzbar und heilsam, wurde durch neue Energie „ersetzt“. Brutal wurde so altes und ältestes Kulturgut ausgerottet! An einer anderen Stelle, nämlich am Endpunkt des alten Weges aus dem Windachtal, erinnert neben einem großen Felsen eine Kupferstele an mögliche Zusammenhänge zwischen Kult und Magie. Somit ist wenigstens eine Erinnerung dokumentiert.

Schafe fressen einen Hirten auf

Ein Hirt ging einst auf die Kleblealm Schafe salzen. Er hatte aber zu wenig Salz mitgenommen. Die salzgierigen Tiere drängten sich immer mehr an ihn heran, sie wollten noch mehr Salz. Der arme Hirt aber konnte ihnen keines mehr geben. Da fingen die Schafe in ihrer großen Sucht nach Salz den Hirten zu belecken und zu zernagen an. Er konnte sich nicht wehren, so eng war er im Schafrudel eingezwängt. Sie zerfraßen seine Kleider, begannen schließlich seine Haut anzunagen und bearbeiteten den armen Menschen so lange, bis er tot war. (Falkner)

Die Brunnenbergalmen und das Windachtal

Von wilden Männern und wilden Frauen

Sölden	Gh. Fiegl	Brunenbergalmen	Zwieselstein	5½ Std. 600 Hm
↗ 2½ Std. o. Taxi	→ 1 Std.	↘ 2 Std.		
1368 m	1956 m	ca. 1990 m	1470 m	

Ausgangspunkt: Sölden bzw. Gh. Fiegl im Windachtal.
Gehzeit / Höhenunterschied: 5½ Std., ca. 600 Hm. Benutzt man den Taxibus von Sölden bis zum Gh. Fiegl, reduziert sich die Gehzeit um mind. 2 Std.
Wegbeschaffenheit: Gut gekennzeichneter Wald- und Höhenwanderweg.
Einkehrmöglichkeit: Gh. Fiegl im Windachtal, Wh. Falkner und Zwieselstein.
Hinweis: Anstelle des mühsamen und langen Anstieges durch das Windachtal, teilweise auf Schotterstraße bei intensiver Sonneneinstrahlung, wird die Anfahrt mit öffentlichem Taxi- bzw. Hüttenbus bis zum Gh. Fiegl empfohlen (Info unter Tel. 05254/5100).

Überall in diesem Teil des Windachtales beeindruckt die intensive und unerwartete Nutzung der Bergwiesen und vor allem die Vielzahl an altartigen Heuhütten und Almhütten. Dort droben „leben“ während einiger Wochen des Sommers die Sölder Bauern. Es lohnt sich, in einer der urigen Hütten einzukehren. Mit etwas Glück bekommt man von einem der älteren Männer oder Frauen eine Geschichte erzählt. Die Sagen berichten von wilden Männern und wilden Fräulein. Sie leben mehr oder weniger unabhängig voneinander, beinahe geschlechtslos, die einen im Fräulasloch unterhalb des Fräulaskofels, die anderen „bei den Bruggern“. Weiter draußen im Tale, vielleicht auf den Bergwiesen der Brunnenkogelalmen, lebt die unheimliche Feichtenhexe, die mehrmals in der Geschichte von Sölden für schlimme Wasser- und Murkatastrophen verantwortlich gemacht wurde.

Wegverlauf

Über Falkners Gastwirtschaft führt der gut gekennzeichnete Wald- und Höhenwanderweg vom **Gasthaus Fiegl** zu den Hütten, Häusern und Heustadeln der weit verstreuten **Brunnenbergalm**, teilweise mit eindrucksvoller Sicht auf das Ven-

Die Brunnenbergalm

Von wilden Männern

Im Windach „bei den Bruggern" waren in alten Zeiten die Häuser das ganze Jahr durch bewohnt. Da seien sehr oft zwei wilde Männer zu sehen und zu hören gewesen. Einer kam fast jede Nacht an ein Kammerfenster und schaute wild und verstört herein. Der andere kam auch manchmal, aber nicht so oft wie der eine. Einmal in der Nacht sind sie aber beide gekommen und jener, der öfter dagewesen war, rief durchs Fenster herein: „Stizlas Midi Amidl ist g'storben". Hierauf verschwanden beide Wilde laut weinend und heulend. Seitdem sah und hörte niemand mehr etwas von ihnen.

Auch im „Wald" bei Sölden hat sich so ein Wilder aufgehalten. Er war immer allein im Wald draußen. Oft schrie er, dass die Leute meinten, es fehle ihm etwas. Wenn sie aber hinausgingen schauen, fehlte ihm nichts. Das erbitterte die Leute. Einmal aber schrie der wilde Mann schrecklich und ängstlich. Die Leute aber sagten: „Lasst ihn nur schreien, er will uns nur narren!" Und niemand ging hinaus in den Wald, um zu helfen. Als man den Waldmenschen aber einige Tage lang nicht hörte, da ging man doch nach ihm suchen und fand ihn draußen tot liegen. (Falkner)

ter Tal und die mächtigen Gletscherberge. Beim Gasthaus Fiegl steht eine Kupferstele mit dreisprachigem Informationstext über die frühgeschichtliche Nutzung dieses Tales durch mehr als 7000 Jahre. Knapp oberhalb dieser Stele ist eine Höhle im Felsen erkennbar. Christian Falkner, der aus Sölden stammende Sagenforscher, weist darauf hin: „Auch in Sölden gibt es zahlreiche Plätze, wo sich in alten Zeiten wilde Fräulein aufgehalten haben. Im Windach, wo der ‚Fräulaskofl' davon seinen Namen hat, auf dem Leiterberge und im Gamizlöck hausten sie." Von dort weg bestehen alte Wegverbindun-

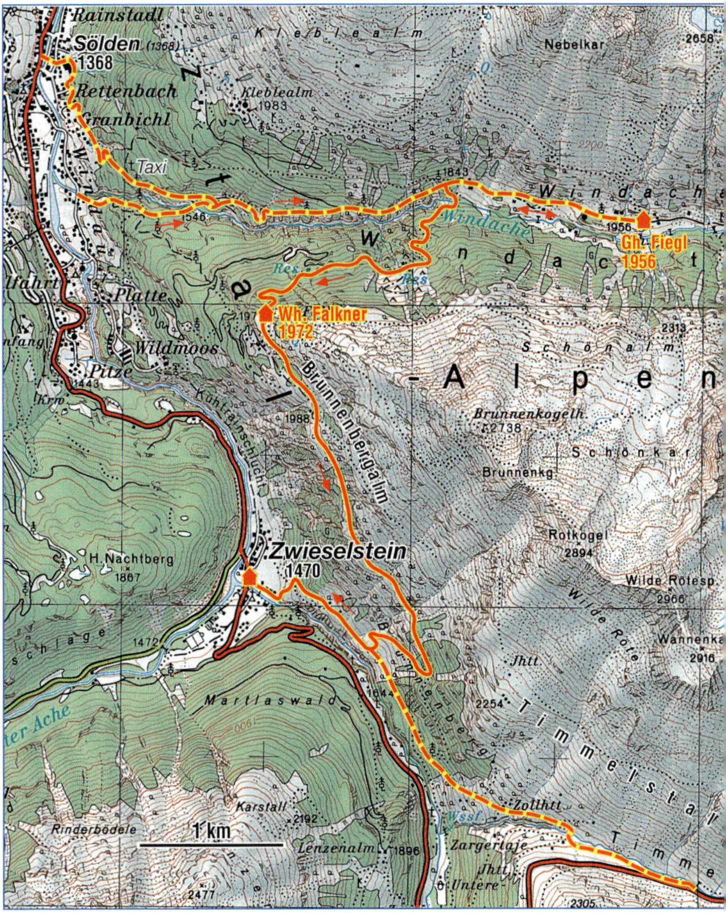

Im Windachtal

gen ins innere Stubaital. An mehreren Stellen an diesem Weg über das Bildstöckljoch (3144 m) sind Höhlen erkennbar. Dort sollen einst Leute gehaust haben. Ebenso kann hier einer der Ötztaler Schalensteine entdeckt werden.

An der Siegerlandhütte (2710 m) vorbei führt ein beschwerlicher Weg über das Windacher Schartl (2846 m) zur Timmelsalm und weiter in das Passeiertal. Mit dem Ötztal bestanden und bestehen über dieses Joch alte Beziehungen. Beinahe legendär sind die Schmuggelwege, höchst gefährlich und beschwerlich. Teilweise wurde das aus dem Ötztal geschmuggelte Rindvieh abgeseilt. Aus Legenden und aus Berichten noch lebender Augenzeugen entwickeln sich sagenhafte Geschichten.

Unser Weg folgt von der **Brunnenbergalm** teils dem steilen Felshang, der von überraschend vielen Bergbächen (deswegen der Name „Brunnenberg") und Lawinenstrichen durchflossen wird, und führt in Kehren hinab nach **Zwieselstein** zur Bundesstraße und Bushaltestelle.

Variante

Eine halbe Stunde oberhalb von Zwieselstein bestünde die Möglichkeit, ein Stück durch das Timmelstal bis zum „Windegg" weiterzuwandern (dort befindet sich auch eine archäologische Kupferstele „Schaidstein") und weiter, vorbei an der vom Passeirer Schäfer im Sommer bewohnten Schäferhütte, nach Hochgurgl bzw. Abstieg zum Ortsteil Pill bzw. Angern (Bushaltestelle) im Gurgler Tal.

Gampealm und Hochsölden

Die wilden Fräulein im Gamizlöck

Sölden		Gampealm		Hochsölden		Sölden	
	↗ 2 Std.		↗ ½ Std.		↘ 2 Std.		**4½ Std.** **720 Hm**
1368 m		ca. 1990 m		2083 m		1368 m	

Ausgangspunkt: Sölden, Bushaltestelle bei der Auffahrt nach Hochsölden.
Gehzeit / Höhenunterschied: Ca. 4½ Std., 720 Hm im Auf- und Abstieg.
Wegbeschaffenheit: Auf die Gampe führt eine Straße (großteils asphaltiert), ab der Abzweigung nach Hochsölden. Es kann auch – mit einiger Mühe – der alte und teilweise steile Fußweg begangen werden, der mehrmals die Zufahrtsstraße quert. Von der Gampe führt ein breiter Höhenweg nach Hochsölden.
Einkehrmöglichkeit: Auf „Gampe" und in Hotels von Hochsölden. Extra und speziell empfohlen wird von mir die „Gampe-Thaya", bewirtschaftet von Jakob Prantl und Familie. Es ist das einzige Lokal des Ötztales mit ausschließlich regionalen Spezialitäten der Bauern, alles ohne Fast Food, ohne Pommes frites und Ketchup, soweit möglich konsequent mit Bioqualität. Ein Geheimtipp!

Bei der Gampe-Thaya, ein Beispiel sensibler neuer Holzarchitektur

Die Alm Gampe ist ein ermutigendes Beispiel dafür, dass es auch jenseits von Massentourismus und Alpen-Ballermann Initiativen geben kann, die örtliche Kultur und Landwirtschaft sinnvoll und nachhaltig miteinbeziehen. So haben auf Gampe der Hotelier Martin Riml und der Landwirt Jakob Prantl ein zukunftsweisendes Modell geschaffen: Der aus Längenfeld stammende Architekt Hermann Holzknecht hat dort oben einen modernen, aber sensibel in die alte Baustruktur eingefügten Neubau errichtet, der von der Familie Prantl bewirtschaftet wird. Die Wirtsleute kooperieren beispielhaft mit dem Längenfelder Bauernladen, verarbeiten und veredeln ausschließlich heimische Bauernprodukte, teilweise aus biologischer Landwirtschaft. Das wäre ein alpenweit übertragbares Modell. Seit einigen Jahren finden auf Gampe internationale Bildhauersymposien statt, in denen die Materialien Holz und Stein künstlerisch verarbeitet und gestaltet werden.
Dass die touristisch besonders im Winter intensiv genutzte (und verschandelte) Bergwelt rund um Hochsölden auch noch sagenhaft und kulturträchtig sein kann, bezeugen die alten Sagen und Geschichten. Hier ist das Reich der Wildfrauen. Es gelang in den letzten Jahren vor allem dem Ötztaler Fotografen Josef Öfner mit Hilfe von Einheimischen konkret die Plätze einiger sagenhaften Geschehnisse zu finden. Eine dieser Stellen heißt „ban Kroasnen“, also bei den Kreisen. Es mögen vielleicht Steinkreise sein oder zumindest Reste davon oder Erinnerungen daran. An einem von ihnen sollen Teufelstritte zu sehen sein.

Wegverlauf

Deutlich gekennzeichnet führen von **Sölden** mehrere Wege und Steige, auch eine Seilbahn, in die Region rund um Hochsölden. Erstes Ziel ist die Gampealm mit mehreren Almgebäuden und sommerlich genutzten Häusern für die Bergmahd. Der Aufstieg erfolgt teilweise auf der Straße, die nach Hochsölden führt. An einigen Stellen sind die alten Fußwege erkennbar.

Von der **Gampe** aus wird der Berghang Richtung **Hochsölden** gequert. Im Winter ist dies eine vielbefahrene Piste, über die immer wieder primitiver Folklore-Sound aus den Lautsprecheranlagen dröhnt. Nur im Sommer erkennbar ist, dass

Die wilden Fräulein im Gamizlöck

Das „Gamizlöck“ ist oberhalb Sölden im Rettenbachtale. Dort sind auch „Freilaslöcher“ zu sehen. Die schönen Bewohnerinnen kamen öfters zu den Leuten herab ins Tal. Sie gaben ihnen gute Ratschläge, verstanden sich besonders gut aufs Wetter, sie wussten schon im Vorhinein, ob das kommende Jahr ein fruchtbares oder ein schlechtes werde, sie sagten den Bauern, wie sie säen, mähen und rechen sollen. Es sei auch vorgekommen, dass ein wildes Fräulein einem Bauern geholfen habe, geredet habe sie aber ganz wenig und sei dann plötzlich verschwunden, wie sie gekommen war …

*

Die wilden Fräulein sahen die jungen Burschen nicht ungern und lockten sie in ihre Felsenhöhlen, wo sie diese herrlich bewirteten und alles taten, was sie ihnen von den Augen ablesen konnten. Diese verzogenen Buben wurden dann die ärgsten „Rager“ im Tale.

Besonders arg trieben es diese Burschen im Winter; sie zechten tagelang, waren sehr ausgelassen, sie kutschierten auf den kleinen, goldenen Schlitten der wilden Fräulein „über Teufl und Tuifl“ ins Tal hinunter. Als die Leute dies sahen, ließen sie ihre Buben nie mehr zur Höhle der Fräulein gehen. Darüber entstand bei diesen großer Jammer und großes Klagen, das man besonders in stillen Nächten hörte. Ein Bursch, der ein wildes Fräulein gar zu gern hatte, konnte das Klagen nicht mehr länger hören, lief seinen Eltern davon und schlich zu seiner Geliebten. Die Eltern ließen überall nach dem Knaben suchen, doch nirgends konnte man ihn mehr finden. Schon hatte man die Hoffnung aufgegeben, von ihm je wieder etwas zu erfahren, als man am Vorabend des Walpurgistages in der Höhle droben Klagegesänge hörte. Die Leute lauschten und hörten: „Die Runa und Tuit sein g'storben, uns triffts morgen.“

Seit diesem Abend hörte man und sah man nichts mehr von den wilden Fräulein. Auch der Knabe blieb verschwunden. (Falkner)

Die Teufelstritte

Auf Gampe „findet man einen Platz, an dem die Hütbuben gerne spielen. Da ist ein Kreis mit ungefähr 10 bis 12 Meter Durchmesser, gebildet von weit auseinander liegenden Fußabdrücken, den sogenannten Teufelstritten.“
Zugrunde liegt eine Sage, in der davon berichtet wird, dass die jungen Hirtenbuben ihre Hütepflicht vernachlässigten. Auf die warnenden Stimmen, die möglicherweise von saligen Frauen kamen, hörten sie nicht. „Da stand plötzlich der Teufel vor ihnen, die Hirten liefen vor Schrecken davon. Der Schwarze ihnen nach und trieb sie stets im Kreise herum. Die Fußspuren des Teufels sieht man heute noch. Währenddessen ist eine Mure losgebrochen, hat alle Kühe mitgerissen und die Buben hat der Teifel in eine Felsspalte hineingetrieben.“
(Falkner)

hier nach wie vor eine intakte Kulturlandschaft besteht, vor allem dank der überaus sorgsamen Pflege der Bergwiesen, die zum erheblichen Teil noch mit der Sense gemäht werden.

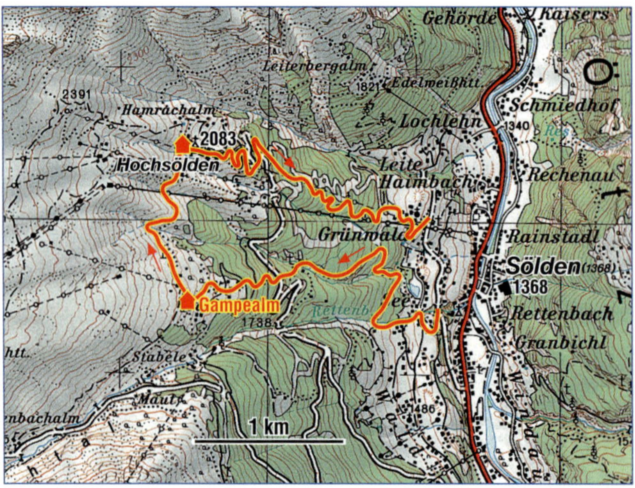

„Teufelstritte" und kleine Seen in der Nähe der Gampealm

Der **Abstieg** nach **Sölden** erfolgt teilweise auf einem gut gekennzeichneten Waldweg, vorbei an Grünwald und Mahpuit.

Der Geist im Bergsee

Hoch droben auf der Gampealm sind zwei kleine Bergseen. In diesen war der Lieblingsaufenthalt eines Berggeistes. Hier badete und schwamm, hier sonnte er sich. In alten Zeiten soll der Ferner bis hierher in die Gegend des „schwarzen Berges" gereicht haben. Der Berggeist hat dann Schnee und Eis weggenommen und eine Alm mit zwei kleinen Seen hergerichtet. Die Menschen mochte er nicht leiden. Darum hat er auch viele Schafe, Ziegen und Rinder, die sie da herauftrieben, zerrissen. Am Schwarzkogel hatte er einen Jagdstand, von dem aus er die Tiere schoss. In diesen Seen hielten sich früher immer zwei sehr große Fische auf, die man aber ganz selten zu sehen bekam. (Falkner)

Tour 21

Gaislachalm und Gaislacher See

Rusilena

Sölden		Gaislachalm		Gaislach		Freistabl		Bodenegg	4 Std. ca. 600 Hm
	↗ 2½ Std. o. Taxi		↘ ½ Std.		↘ ½ Std.		↘ ½ Std.		
1368 m		1968 m		ca. 1700 m		1576 m		1480 m	

Ausgangspunkt: Bushaltestelle bei der Pitze in Sölden oder Auffahrt mit dem Taxibus zur Gaislachalm.
Gehzeit / Höhenunterschied: 4 Std., ca. 600 Hm ab Tal, fährt man mit dem Taxibus zur Gaislachalm, spart man sich ca. 2 Std. und 600 Hm Aufstieg. Von der Gaislachalm zum Gaislacher See ca. 1 Std., 800 Hm Anstieg.
Wegbeschaffenheit: Markierter Waldweg und bezeichnete Bergsteige.
Einkehrmöglichkeit: Auf der Gaislachalm.
Hinweis: Empfohlen wird die Fahrt mit dem Taxibus von Sölden zur Gaislachalm.

Wegverlauf

Vom Ortsteil **Pitze** in Sölden (Bushaltestelle) geht man zuerst kurz auf der Straße und dann auf einem markierten Waldweg

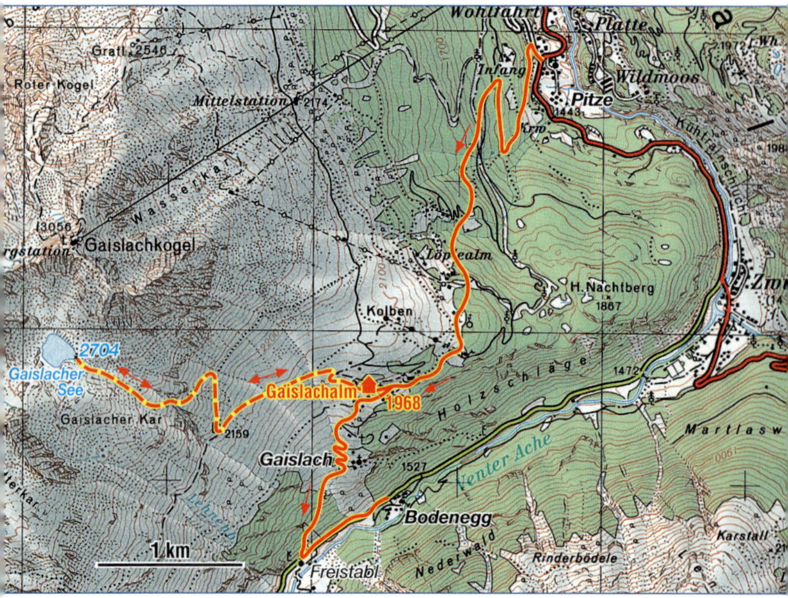

Auf der Gaislachalm um ca. 1970

zur **Gaislachalm**. Von der Alm bzw. den neuen Berggasthöfen aus wäre der Steig zum 2700 Meter hoch gelegenen **Gaislacher See** zu empfehlen. Eine Flur hier heißt „Sonnenplatte". Dorthin hat Wilhelmine von Hillern den Heimathof der Geierwally gesetzt. Vom einsamen Kreuz, das dort von der Gemeinde zur Erinnerung an die Geierwally und den Bären-Josef gestiftet wurde, ist heute nichts mehr zu finden.

Für viele unerwartet, gibt es auf der Gaislachalm über Sölden eine Begegnung mit der berühmten Roman-, Film- und Opernfigur der Geierwally. Wilhelmine von Hillern hat den gleichnamigen Roman nämlich hier angesiedelt. In hartem Kontrast zur romantischen Welt des Romans stehen heute die Hotelbauten der Gaislachalm, der darüber befindlichen Gaislachkogelbahn und die als Sommerskigebiet ausgebeuteten Gletscher Rettenbachferner und Tiefenbachferner. Es wäre nicht auszuschließen, dass nach den dramatischen Unglücken im Skigebiet im Herbst 2004 und im September 2005 (mit 9 Toten) von kommenden Generationen, in Jahrzehnten oder in noch ferneren Jahren diese Unglücksszenarien zu Sagen und Legenden verarbeitet werden.

Die Geierwally der Wilhelmine von Hillern

„Maria Hilf" in der Kapelle der Gaislachalm

Hoch über Gaislach und vielleicht knapp bei der heutigen Gaislachalm soll der große mächtige Hof der Wally in „schwindelnder Höhe" gestanden haben. Vielleicht hat Wilhelmine von Hillern in ihrem vor mehr als 130 Jahren erschienenen Erfolgsroman die Figur der historischen Geierwally (die auf der aus dem Lechtal stammenden Malerin Anna Stainer-Knittel beruht) mit der Sage von der geheimnisvollen Rusilena vermischt. In literarischer Freiheit formt sie den Sagenstoff um und beschwört ein dramatisches Bergbauernschicksal herauf: Weil die Wally nicht den vom Vater bestimmten Bräutigam erwählt, wird sie in die Welt der kalten Ferner verbannt. Dort lebt, friert und vegetiert sie mit ihrem Geier dahin. Der italienische Komponist Alfredo Catalani hat daraus – wiederum in großer künstlerischer Freiheit – die gleichnamige Oper geschaffen, in der die Geierwally unter einer Lawine zu Tode kommt.

Der **Abstieg** erfolgt über die beiden Bergbauernhöfe auf Gaislach (1793 m), die als älteste Höfe des inneren Ötztales gelten. Im Venter Tal wird zuerst der Hof **Freistabl** erreicht. Bei diesem Abstieg ist leicht erkennbar, unter welchen Bedingungen die Bergbauern des Venter Tales ihre steilen Bergwiesen bewirtschaften müssen. Im Winter sind sie immer wieder schrecklichen Lawinen ausgesetzt.

Rusilena

Die Bauern Rusilena hatten ihren Hof eine gute halbe Stunde oberhalb Gaislach, hart ober der Waldgrenze. Rusilena ist zwar ein sonderbarer Name, doch auch der erste Rofnerbauer hat Ruzo geheißen und der erste Gurgler Bauer Rutsch. Diese drei Höfe sollen die ersten im hinteren Ötztal gewesen sein. Auch vom Hof der Rusilena sieht man heute noch die Grundmauern und der Platz heißt „Beim Häuslan". Also muss wohl ein Haus dort gestanden haben. Freilich ist das lang, lang her.

Also die Rusilena lebte „beim Häuslan", war lustig und ledig. Zu ihr kam öfters der Teufel in Gestalt eines sauberen Jägers. Einmal in der Nacht von einem Samstag auf einen Sonntag war der Höllische wieder bei ihr; sie aßen und tranken, sangen und tanzten bis in den hellen Morgen hinein. Die Bäuerin wollte Schluss machen und nach Sölden in die Kirche gehen. Der Teufel aber wusste sie durch Schmeicheleien und allerhand Kunststücke immer wieder aufzuhalten. Endlich raffte sie sich doch auf und ging. Nach Sölden aber sind es zwei Stunden zu gehen. Rusilena wusste, dass sie spät dran sei, und eilte immer schneller, um ja noch die Messe zu erreichen. Als sie aber auf die „Walderhöhe" kam, wo man zum ersten Mal den Kirchturm sieht, hörte sie läuten. Da kam ein Mensch daher, es wird wohl der Teufel selbst gewesen sein, und der sagte: „Rusilena, kannst wieder umkehren, es tut schon Wandlung läuten!" Traurig machte sie sich wieder auf den Heimweg. Sie machte sich furchtbare Vorwürfe, dass sie die ganze Nacht so liederlich gewesen war und dazu noch die Sonntagsmesse versäumen musste. Auf einmal wurde ihr auch bewusst, dass ihr Liebhaber der Teufel selbst sei, und da wusste sie sich gar nimmer zu helfen und geriet ganz in Verzweiflung. Sie nahm einen Strick und erhängte sich knapp oberhalb ihres Hauses an einem Baume. Heute noch sieht man dort in einer Steinplatte ihren Fußabdruck.

Den Hof aber wollte niemand mehr bewohnen; er ist zerfallen bis auf einige Grundsteine …

(Falkner)

Kühtrainschlucht und Totenstein

Der Pfeifer im Kühtrain

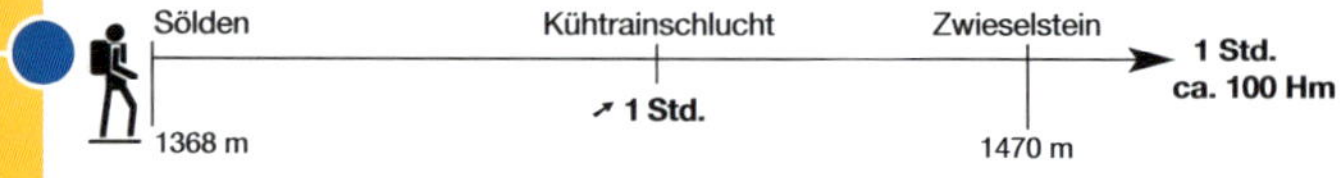

Ausgangspunkt: Sölden, Bushaltestelle bei der Talstation der Geislachkogelbahn, zum Campingplatz und weiter am gekennzeichneten Zugang.
Gehzeit / Höhenunterschied: 1 Std., 100 Hm. Weiter zum Totenstein im Timmelstal zusätzlich 2 Std. (einfach).
Wegbeschaffenheit: Teilweise ansteigender Wanderweg an der wild schäumenden Ache und ca. 15 Minuten durch die Schlucht.
Einkehrmöglichkeit: Gh. in Zwieselstein.

Der Weg durch die wilde Kühtrainschlucht gilt seit den Anfängen des Tourismus im Ötztal als besonders wildromantisch und wird immer wieder empfohlen. Freiherr Ritter von Alpenburg hat diese Strecke 1858 geschildert: „Dieser Steig ist viele Kirchthürme hoch in der Luft ober der brausenden Ache auf feste Holzbalken gebaut, welche in den Felsenmauern befestigt sind ... Man sieht Wunder über Wunder ...“. „So tief der Abgrund hinabgeht, so hoch ragen die drohenden Wände in die Höhe; kaum begreift man, wie es Menschen gewagt haben, hier einen Weg in die schwindelnden Wände zu hängen ...“, weiß 1866 der Alpenforscher Adolph Schaubach zu berichten. Auch von einem unheimlichen Pfeifer in der Schlucht berichtet die Sage, dessen Pfeifen so geheimnisvoll war, dass es den Wanderer schauerte.

Wegverlauf

Der Weg durch die Kühtrainschlucht ist vom Ausgangspunkt aus gut bezeichnet und führt über den Weiler **Moos** nach Zwieselstein.

Von **Zwieselstein** besteht das empfohlene Angebot, weiter in das Timmelstal zu wandern. Bei der Brücke auf ca. 2100 Meter Höhe wird der Timmelsbach überquert. Dort befindet sich die archäologische Kupferstele „Schaidstein“. Nach ca. 1 Stunde ab dort weg, ca. 2 Stunden ab Zwieselstein, wird der legendäre

Der legendäre Totenstein im Timmelstal, an dem es immer wieder zu geheimnisvollen Todesfällen kam.

Wege übers Timmelsjoch

Von Zwieselstein kann man weiter ins Timmelstal gelangen, das mit dem 2474 Meter hohen Timmelsjoch, über das heute die Staatsgrenze verläuft, seit jeher die Verbindung ins Passeiertal bildete. An die wichtige Funktion des Timmelsjoches werden wir erinnert, wenn wir aus Urkunden erfahren, dass für die „edlen Frauen von Chiemsee" (im Kloster Frauenchiemsee in Bayern) pro Jahr mehr als 15.000 Liter Wein und noch mehr über das Timmelsjoch aus Südtirol zum Chiemsee getragen wurden und dass Ötztaler Bauern für die 1000 Bergknappen am Schneeberg im Passeier, dem höchsten Bergwerk Europas, bis zu sechs Tonnen Butterschmalz geliefert haben. Es darf auch daran erinnert werden, dass zu Ende des Zweiten Weltkrieges Flüchtlinge, Deserteure, Vertriebene und Verjagte heimlich übers Joch zogen und dass im Jahr 1964 der Passeirer Georg Klotz barfuß, mit einem Streckschuss in der Brust nach einem 42-stündigen Marsch teilweise über Eis und Schnee ins Ötztal gelangte. Einer der so genannten „Bumser", wie die Aktivisten zur „Befreiung" Südtirols bezeichnet wurden, hatte sich so übers Timmelsjoch befreien können.

Im Kühtraien

Hier, wo der Abgrund am schwärzesten ist, betete einst eine Mutter in der Kapelle, während ihr Kind auf dem schmalen Wege sass; da kommt ein Betrunkener, das Kind will entfliehen, wird aber von jenem in den Abgrund gestoßen; die herzueilende Mutter will es noch halten, stürzt aber nach. Bald darauf wandert jener Unglücksstifter wieder dieses Weges, erblickt den drohenden Geist der Mutter in der Tiefe, schwindelt und findet sein Grab ebenfalls da unten. Seitdem erscheinen nächtlich auf diesem Pfad die Mutter und ihr Kind und warnen vor dem Mörder, der dem Wanderer Unheil zuzufügen sucht. (Schaubach, 1845)

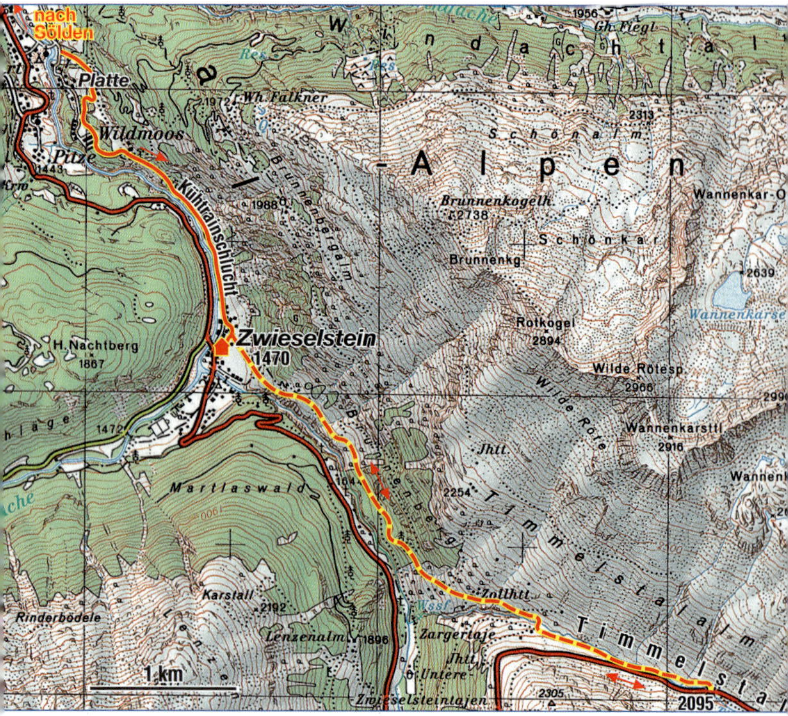

Die wilde Kühtrainschlucht

Totenstein erreicht. Von diesem Stein erzählen vor allem die Bewohner aus dem Passeiertal. Für das Ötztal-Archiv habe ich recherchiert, dass an diesem Stein mehrmals auch mitten im Sommer Leute erfroren sind, so auch 1913, 1920 und 1926. Eine Kupferstele neben der Straße informiert über diese ebenso schrecklichen wie geheimnisvollen Vorgänge.

Rückweg

Entweder auf gleichem Weg zurück nach Zwieselstein oder auf dem Umweg über Hochgurgl nach Obergurgl bzw. Angern („Untergurgl"); zusätzlich ca. 2 Std.

Tour 23

Venter Höhenweg

Die drei Feyen

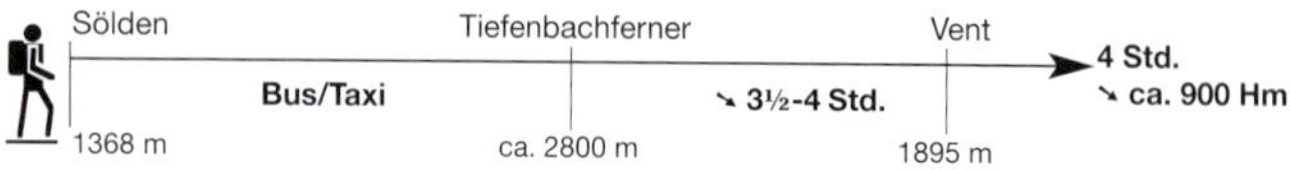

Ausgangspunkt: Parkplatz Tiefenbachferner, am besten mit dem Linien- oder Taxibus von Sölden aus zu erreichen.
Gehzeit / Höhenunterschied: Ca. 3½–4 Std., ca. 900 Hm im Abstieg.
Wegbeschaffenheit: Bezeichneter Höhenwanderweg.
Einkehrmöglichkeit: Nur in Vent (Wegproviant unbedingt mitnehmen!).
Hinweis: Beim Tourismusverband erhält man (nur im Sommer!) speziell für diesen Weg maßgeschneiderte Fahrkarten für die Auffahrt zum Tiefenbachferner und die Rückkehr mit dem Bus von Vent nach Sölden.

Von oben ist die Welt anders. Mit dem langen Abstieg auf dem neu angelegten Höhenweg nach Vent eröffnet sich die faszinierende Welt einer der großartigsten Sagen- und Kultlandschaften der Alpen. Alle Gletschergeschichten kommen auf diesem Weg ins Bewusstsein. In den wilden Schluchten wohnen salige Fräulein als Behüterinnen der Natur. Drinnen in den Gletschertoren haben sie ihre Kristallpaläste. Wehe denen, die freveln und wider die Natur handeln! Und oben am Ferner rattern die Schneemaschinen, die Raupen, die „Schneekatzen", dröhnen die Schneeerzeugungsmaschinen, stauben die geldmachenden Schneekanonen, reiben sich Gletscherherren die Hände. Dann eine schreckliche Katastrophe: Neun Tote beim Hubschrauberunglück im September 2005. An andere große Katastrophen im Venter Tal, durch Lawinen und Eisschlag, erinnern die noch immer eindrucksvollen Reste des ehemals überaus wilden Glaseirferners und des Steiniglehnferners am gegenüberliegenden Hang.

Wegverlauf

Vom **Parkplatz Tiefenbachferner** führt der neu errichtete und durchgehend bezeichnete Höhenweg in einer Höhe von 2600 bis 2800 Meter bis nach **Vent**. Er eröffnet alle Attraktionen und

Der große Steinmann am „Zoager" mit Blick auf den Venter Höhenweg und Wildspitze

Die drei Feyen

Auf den höchsten Alpen, an der Gletscher Eisgränze, wohnen drei Feyen, die der Thalbewohner unter dem Namen der wilden oder seligen Fräulein verehrt. Das Volksmärchen erklärt sie für Geister der Luft, die in wunderschöner, die Menschenform zur höchsten Idealität verherrlichender Gestalt umher wandeln. Ihr Hauptcharakter ist Freiheitsliebe und Gutmüthigkeit. Die erstere legen sie durch ihre ausschließliche Liebe für die höchsten Berggegenden, besonders aber durch einen entschiedenen Haß gegen die Jäger, welche die Freiheit und das Leben der harmlosen Naturkinder bedrohen, an den Tag. – Ihre Leutseligkeit und Menschenliebe beweisen sie, indem sie die Hütten der armen Tahlbewohner manchmal in allerlei angenommenen Gestalten besuchen, die edle Armuth prüfen und, wenn sie es verdient, durch reiche Gaben oder weise Ratschläge helfen. Die Gemsen – für die Sterblichen in der Tiefe ein freies Geschlecht – sind ihre Hausthiere, welche sie, wie wir unsere Ziegen, füttern, tränken, melken und hüten. Deshalb sind sie die unversöhnlichsten Feindinnen der Alpenjäger und haben – trotz ihrer Gutmüthigkeit – manchem derselben das Leben geraubt. (Badenfeld, 1825)

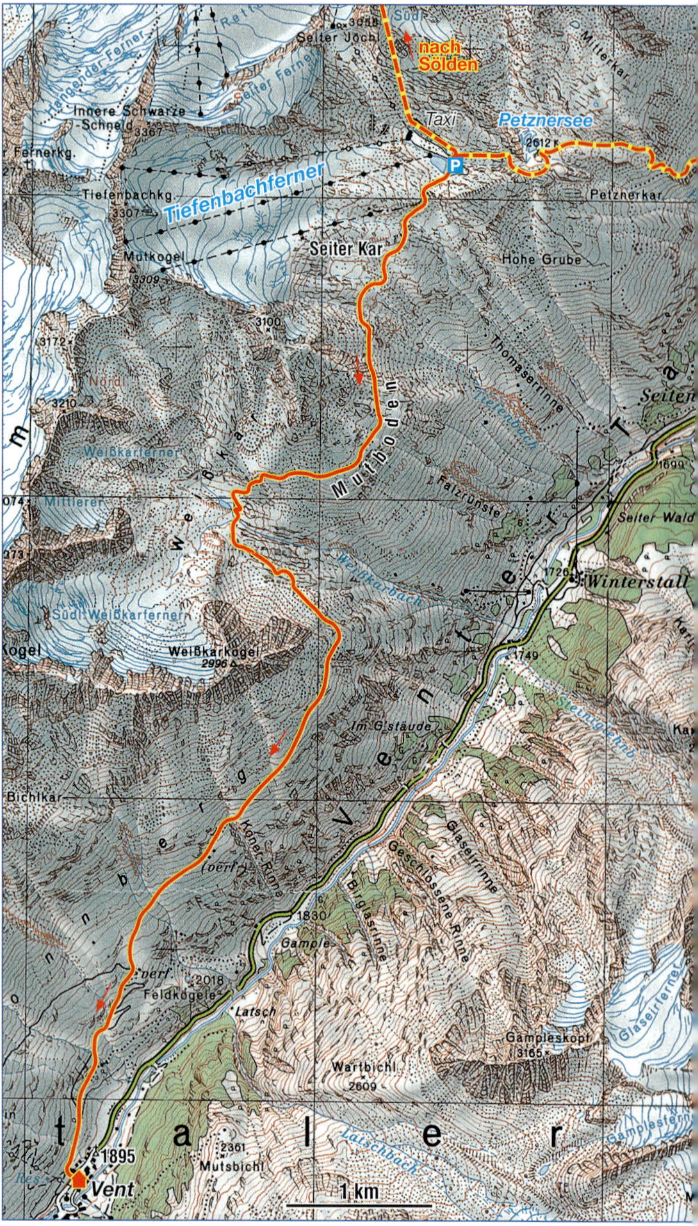
nach Sölden
Seiter Jöchl
Taxi
Petznersee
Innere Schwarze Schneid 3367
Tiefenbachferner
Tiefenbachkg. 3307
Seiter Kar
Hohe Grube
Petznerkar
Mutkogel 3309
3100
3172
Weißkarferner
Mutboden
Thomaserrinne
Tiefenbach
Weißkarbach
Südl. Weißkarferner
Weißkarkogel 2996
Winterstall
Seiter Wald
Im G'staude
Bichlkar
Gample
Gampleskopf 3165
Wartbichl 2609
Feldkogele 2018
Latsch
Vent
1895
Mutsbichl 2361
Latschbach
Glaseirferner
1 km

Schönheiten der Region, alle Wildheiten der gegenüberliegenden Ferner mit eindrucksvollen Tiefblicken in das Venter Tal. Seit 2005 ist dieser Höhenweg Teil der alpenweiten Via Alpina.

Sprachliche Besonderheiten

„Glaseirferner“ ist eine sprachliche Merkwürdigkeit: der Gletscher ist ein „glaseir“ wie französisch „glacier“. Damit die Leute wieder damit zurechtkommen, fügen sie noch „Ferner“ dazu. Weiter drinnen im Tale, im Absturz der Talleitspitze, haben sie einen Ferner gleich „Eisferner“ benannt und der beliebte Ausflugsort oberhalb von Vent heißt Mutsbichl – beide Silben bedeuten Hügel oder abgeflachter Berg; es ist sozusagen ein „Hügel-Hügel“. Nicht anders wurde mit der mächtigen Mutmalspitze verfahren. „Mut“ ist der Berg und „Mal“ ist ein präindoeuropäisches Wort ebenfalls für Berg und Spitze. Mut-Mal-Spitze heißt also Berg-Berg-Berg, vielleicht in drei Sprachen: präindoeuropäisch, rätisch(?) und deutsch!?

„Vent, vom Feldkögele aus, mit den Gletschern“, Ch. Brizzi

Variante

Eine andere Möglichkeit bietet die Auffahrt mit der Gaislachkogelbahn (ab Ortsmitte Sölden ca. 1 km zur Talstation) bis zur Mittelstation (2170 m).Von dort folgt man dem Höhenweg vorbei oberhalb der **Gaislachalm** zum Petznersee (2612 m; bis dahin 442 Hm 1½ Std.). Vom **Petznersee** über das Seiterkar und den **Mutboden**, unter dem Weißen Kogel vorbei, über den langgezogenen Sonnenberg nach **Vent**. Für diesen lohnenden Weg sollten ab dem Petznersee ca. 3–3½ Stunden gerechnet werden. Der lange Weg bietet eine Vielfalt an eindrucksvollen Blicken in die Gletscherwelt der Ötztaler Alpen, insbesondere auf Glaseir, Steiniglehn und Latsch, aber auch mit Tiefblicken in das wilde und raue Venter Tal.

Gletscherpfarrer Franz Senn

Der gebürtige Längenfelder Franz Senn (1831–1884) gilt als weitsichtiger Pionier des frühen Tourismus in Tirol und Initiator der Gründung des Alpenvereins. Der Kurat und Pfarrer von Vent hat die Entwicklung des Ötztales entscheidend geprägt, u. a. durch Wegebauprojekte und die Förderung des Bergführerwesens (siehe Oberwalder u. a.: Franz Senn. Alpinismuspionier und Gründer des Alpenvereins, Innsbruck 2004).

Heiligkreuz im Venter Tal

Die Entstehung der Kirche von Heiligkreuz

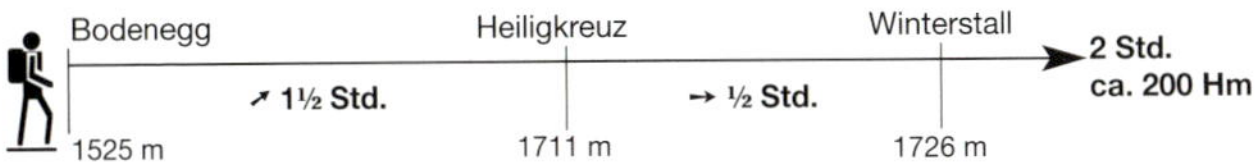

Ausgangspunkt: Bodenegg/Bushaltestelle.
Gehzeit / Höhenunterschied: 2 Std., ca. 200 Hm. Weiter zu Fuß nach Vent ca. 2 Std.

Wegbeschaffenheit: Der Weg folgt weitgehend der Landesstraße.
Einkehrmöglichkeit: Keine Einkehrmöglichkeiten.

Das Venter Tal gilt als eines der lawinenreichsten und am meisten gefährdeten Täler Österreichs. Mehr als 20 zum Teil sehr bedrohliche Lawinenstriche gibt es allein auf den ersten fünf Kilometern des Tales. Immer wieder, nicht nur 1817, hat es hier Tote zu beklagen gegeben. Kein Wunder, dass auch hier „Teuflisches“ ins Spiel gebracht wird. Vom „Neaderer Tüifl“ wird erzählt. Aber auch davon, dass hier die saligen Fräulein hausen, die Feen des Ötztales. Knapp hinter dem Weiler Winterstall, der extrem lawinengefährdet ist und zum Teil ab 1951 ausgesiedelt wurde, befand sich (heute durch die neuen Lawinengalerien nicht sichtbar) bei der „geschlossenen Rinne“ durch Jahrhunderte bis ca. 1825 die alte Gerichts- und Pfarrgrenze. Ab hier gehörte das Venter Tal mit Vent und Rofen zur Pfarre Göflan bzw. zur Pfarre Tschars und zum Gericht Castelbell bzw. Schlanders.

Wegverlauf:

Von der Bushaltestelle in **Bodenegg** am besten der asphaltierten Straße folgend, vorbei am Hof „**Freistabl**“ (unter der Straße) und am Hof „**Roale**“ (ca. 800 Jahre alte Hofanlage, steht unter Denkmalschutz) bis zur Kirche von **Heiligkreuz**, über die Brücke auf die andere Talseite, vorbei am Weiler **Winterstall** und immer der Straße nach bis **Vent** (durch mehrere neue Lawinengalerien). Zwischen Bodenegg und Heiligkreuz können streckenweise die Reste des alten Weges benützt werden, so von der Abzweigung „Lehen“ bis zur Hofan-

Das Venter Tal in alten Reiseberichten

„Winterstall, im Venterthale", Ch. Brizzi

In vielen älteren Schilderungen aus der Pionierphase des Alpinismus und des darauf folgenden Tourismus kommt dem engen und wilden Venter Tal eine besondere Rolle zu. Erzherzog Johann erwähnt anlässlich seiner Reise von 1846 dieses Tal und berichtet, wie den Bewohnern rund um Heiligkreuz die schrecklich anwachsenden Ferner sogar bis in die Weiden und Felder vordringen. 1825 berichtet Eduard von Badenfeld mit Schaudern über die von Fernern überragten Felskolosse. „Jeder Fehltritt, jeder treulose Stein, der sich unter unseren Füßen loslösete, könnte uns hier den Tod bringen ..." Der bekannte Reiseschriftsteller Ludwig Steub notiert anno 1842: „Hie und da stehen ein paar Hütten an der Seite. Sonst große Einsamkeit und wegen der vielen Spuren von Lahnenstürzen, wegen der Steingerölle und der wilden Schrofen etwas Melancholie." Freiherr Ritter von Alpenburg kommt ins Tal und beschreibt es 1858, berichtet vom Lawinenunglück auf der Neder, dem 1817 sieben Personen zum Opfer fielen, und weiß auch zu vermelden, dass dieses Tal „wegen der Lawinengefährlichkeit eine traurige Berühmtheit" genieße.
Beinahe euphorisch schildert Freiherr Ritter von Alpenburg die Szenerie im Jahre 1858, wenn er beim Anblick des schimmernden Stockferners schwärmt: „Der Anblick dieser Parthie ist aber-

mal einer der überraschendsten, und nicht umsonst hat die alte Tirolersage die ‚saligen Fräulein' aus ihren unterirdischen Kristallwohnungen in den Fernern in dieses liebliche Hirtenthal niederschweben lassen, segnend und beglückend das unschuldige Hirtenleben."
Vom Hof Roale (seit 1992 im Besitz unserer Familie) schreibt Alpenburg: „Auf diese verfallene Bergwelt, welche die sorgliche Mutter Natur so liebevoll aufgeputzt hat, stürzt als weitere Zierde ein Wasserfall nieder; links davon ober dem Wege erhebt sich auf grauer Felsenkuppe ein höchst originelles Haus, ‚Raindl', d. h. kleiner Rain genannt, als Ergänzung des Bildes, und an den sonnigen Lagen bemerken wir die letzten kleinen Gerstenäckerlein, welche der Volkswitz ‚privilegierte' heißt."
Im Jahre 1886 beschreibt Franz Gwercher das Ötztal. Dabei erwähnt er die Sage über die Entstehung der Kirche von Heiligkreuz, wie sie um 1800 vom Kuraten Anton Greiter aufgeschrieben wurde.

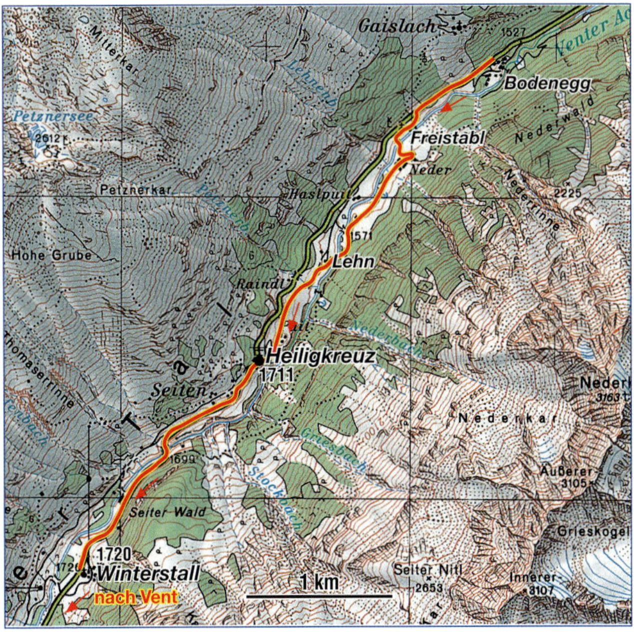

lage „Puit“, von Heiligkreuz über den Weiler „Seite“ bis zur Brücke hinter Winterstall.
Neu erschlossen ist ein Fahrweg von Bodenegg weg über die Brücke, vorbei oberhalb vom Weiler „Neder“ und die schmale Eisenbrücke zur Hofanlage „Puit“ und nach Heiligkreuz.

Die Entstehung der Kirche von Heiligkreuz

Die Kirche von Heiligkreuz

Es ereignete sich, daß ein Jüngling, als er noch Lehrjunge in der Bildhauerkunst war, eines Tages zur Zeit eines schrecklichen Donnerwetters seine Zuflucht in die St. Johanneskirche zu Imst genommen und gleich nach seinem Eintritte eine Erscheinung hatte. Es stund nämlich ein Kruzifixbild in der gleichen Größe und Form vor ihm, wie es dermalen auf dem Hochaltare (zu Kurzlehn) zu sehen ist, und er hörte eine Stimme, die ihm sagte: „Dieses Kruzifix sollst du machen“.
Der gute Jüngling getraute sich nicht von dem, was er gesehen, Jemandem etwas zu sagen, und die Ermahnung blieb unerfüllt. Mit der Zeit reiste er auf Wanderschaft, und kam u. a. nach Wien in Österreich, wo er tödlich erkrankte. Während dieser Krankheit hatte er die nämliche Erscheinung, wie vormals in Imst. Er sah das nämliche Kruzifix vor sich, und es wurde ihm zugleich sein Ungehorsam verwiesen.
Nachdem sich seine Krankheit verbesserte, verfertigte er das Kreuz. Und es kam auf Bitten von Kurat Greiter zum neu erbauten Kirchlein in Kurzlehn. Erst in den vergangenen Jahren hat es sich eingebürgert, dass es immer nur Heiligkreuz genannt wird. (Falkner)

Über die Rofenhöfe zum Hochjochhospiz

Die drei wilden Fräulein am Ferner

Vent 1895 m – ↗ ¾ Std. – Rofen 2011 m – ↗ 2¼ Std. – Hochjochhospiz 2412 m
3 Std.
ca. 520 Hm

Ausgangspunkt: Vent.
Gehzeit / Höhenunterschied: Insgesamt ca. 5–5½ Std. und ca. 520 Hm im Auf- und Abstieg.
Wegbeschaffenheit: Markierte Bergwege.
Einkehrmöglichkeit: Gh. in Vent und Hochjochhospiz.

Im Raum von Vent treffen wir den reichsten Sagenschatz der Ötztaler Alpen und wohl auf eines der reichsten Sagengebiete der ganzen Alpen. Wir erfahren vom eifersüchtigen Bergmandl, von den wilden Fräulein, vom weißen Schindwurm, vom wilden Mannle, von den verschwundenen Städten im hinteren Eis. Die wilde Gletscherwelt ringsum ist belebt von den Saligen im Kristallpalast, von den Büßern der kalten Pein und natürlich auch vom Ötzi. Ebenso alt wie dieser und höchstwahrscheinlich noch einige tausend Jahre älter sind die ältesten Zeugnisse menschlicher Nutzung und Tätigkeit. Nach neuesten wissenschaftlichen Erkenntnissen gibt es an mehreren Stellen im Raum Vent, aber auch im Raum Gurgl, inneres Schnalstal und inneres Passeiertal Nachweise bis 8500 v. Chr. Der Ötzi lebte erst ca. 3200 Jahre später!
Wegen der überreichen Fülle an Sagen und wegen der außergewöhnlichen Ausdehnung dieser Wander- und Gletscherregion werden im Raum Vent mehrere Wanderungen beschrieben. Im sagenhaften Mittelpunkt stehen das Rofen- und das Niedertal.

Wegverlauf

Zuerst führt der Weg von **Vent** der Straße nach bis **Rofen**. Von dort geht es über die Felder und Wiesen der Rofnerbauern ca. zwei Kilometer taleinwärts bis zur Talstation der Materialseilbahn auf die Vernagthütte. Hier beginnt der romantische Urweg (seit 1994 statt Titzentalerweg nun Cyprian-Granbichler-Weg genannt) entlang und weit über der Schlucht der Rofner Ache bis zur Mündung des Vernagtbaches (gut 1 Std. ab Rofen). Ab der Brücke beginnt das Gebiet der Schnalser Bauern. Hier soll nach den Plänen der TIWAG eine riesige Staumauer entstehen, obwohl es sich um die Kernregion des Natura-2000-Gebietes handelt.

Von der **Rofenberg-Schafalm** ist es noch knapp eine Viertelstunde bis zum **Hochjochhospiz**. Von dort kann man in noch einmal 2 Stunden Gehzeit das Hochjoch erreichen. Über dieses Joch werden seit sicherlich 5000 oder 6000 Jahren Schafe aus Südtirol auf die Weiden im hinteren Ötztal getrieben und Mitte September wieder zurück. Derzeit sind es ca. 1600 Stück, wobei die überwiegende Zahl nicht aus dem Schnalstal, sondern aus dem Vinschgau, dort vor allem von den Höfen des Sonnenberges, kommt. Einige Schnalser Bauern sind Grundbesitzer im Rofental. Bis auf das Joch hinauf und hinunter bis zum Vernagtbach gehören ihnen 745 Hektar Grund. Im parallelen Nebental, dem Niedertal, besitzen andere Schnalser Bauern mehr als 2170 Hektar. Mit den Schnalser

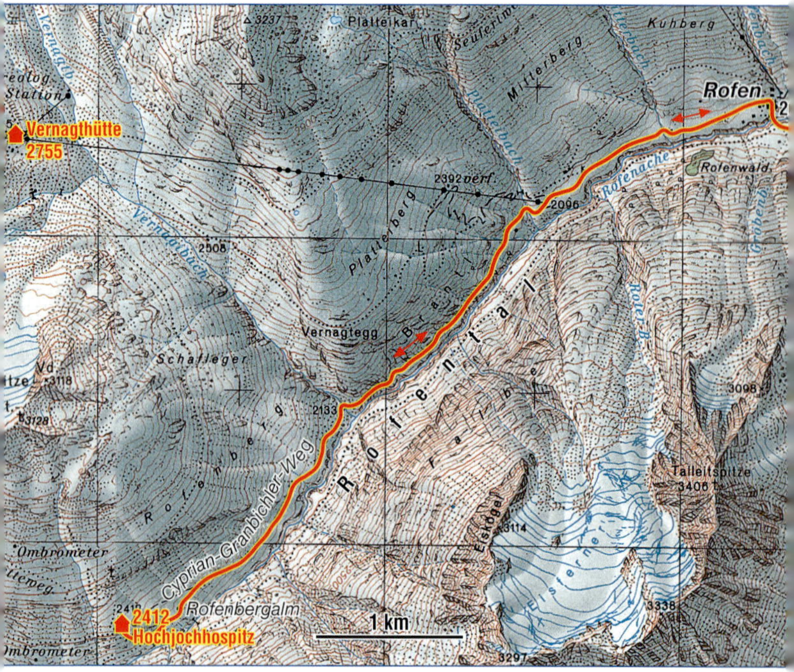

„Rofenhöfe, im Rofen- oder Hochjochthale“, Ch. Brizzi

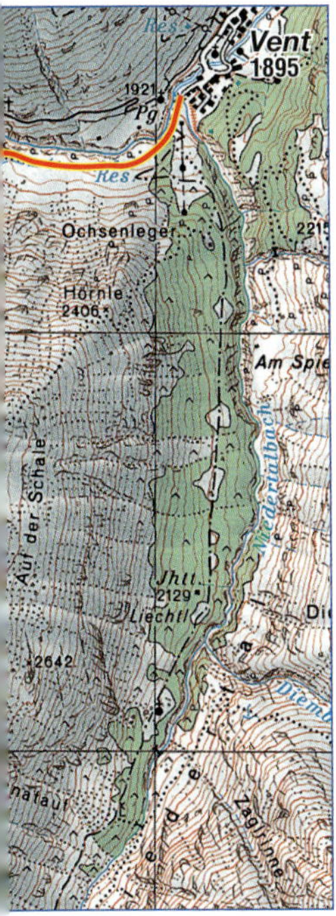

Bauern wird nicht zu spaßen sein, wenn die Tiroler Landeselektrizitätsgesellschaft TIWAG hinter dem Vernagtbach eine riesige Staumauer bauen und dort einen fast 100 Millionen Kubikmeter fassenden Stausee entstehen lassen will. Eine uralte Kulturlandschaft würde damit verschwinden. Massiver Protest verstärkt sich rundum, in Vent und beim Alpenverein und bei umweltbewussten, sensiblen, nachhaltig denkenden Menschen.

Es wirkt so, also wären auch hier zukünftige Untergangsszenarien vorprogrammiert, erinnernd an die verschwundenen Städte unter dem Eis, an Onanä, Dananä und Tanneneh mitsamt Sodom und Gomorra.

Der **Rückweg** führt bis Rofen auf demselben Weg wie bergauf. Ab Rofen wird der Weg über die Hängebrücke (dort befindet sich auch eine der dreisprachigen Kupferstelen mit archäologischen Informationen) bis nach Vent empfohlen.

Die drei wilden Fräulein am Ferner

Am Fernerrand lebten einst drei wilde Fräulein. Sie wohnten in einem unterirdischen Palast, der durch eine gemeinsame Felsgrotte zugänglich war. Die Gemsen waren ihre Haustiere; sie fütterten sie, tränkten und pflegten sie und schützten sie gegen die Jäger. Gegen die Leute waren sie freundlich, kamen zu ihnen in liebenswürdiger Gestalt und gaben ihnen allerlei weise Ratschläge.

Ein junger Hirt kochte einmal vor dem Eingang in ihren Palast sein Mittagessen. Als er fertig war, stand er auf und wollte beten. Dabei schüttelte er durch Unvorsichtigkeit die Nudeln in den Schmutz. Als er ganz traurig dastand, sah er auf einmal vor sich ein wildes Fräulein stehen. Die gab ihm eine andere, bessere Speise für die verschüttete. Nach dem Essen nahm sie den Hirten bei der Hand und führte ihn durch die Grotte in den Berg hinein. Wie staunte da der arme Hirt! Wie da alles glänzte und glitzerte von Gold und Silber und Edelstein. Die beiden Schwestern seiner Führerin kamen ihm sehr freundlich entgegen. Sie sangen wunderbare Lieder, sie stellten ihm die feinsten Speisen vor, wie er zuvor nie gesehen und gekostet hatte. Auch sagten sie ihm, er könne von nun an kommen, so oft er wolle, doch dürfe er nie einem Menschen auch nur ein Sterbenswörtlein davon erzählen und niemals Gemsjäger werden. Jahrelang hütete der Bub sein schönes Geheimnis; er kam oft zu seinen Freundinnen in den Bergpalast und ergötzte sich dort. Aber einmal entschlüpfte ihm das Geheimnis im Gespräch mit seinem Vater. Er bereute es sofort. Doch es war zu spät. Als er am nächsten Morgen zur Grotte kam, war sie fest verschlossen. Wie er auch flehte und bat, es blieb alles still und steinern stumm. Er magerte von nun an ab vor Schmerz und Sehnsucht. Als er einmal sein Gewehr auf einen schönen Bock abdrückte, stand auf einmal ein wildes Fräulein in verklärter Schönheit neben dem verfolgten Tier. Sie warf ihm einen zürnenden Blick zu.

Er schwindelte und stürzte geblendet vom Glanze der Erscheinung in den schaurigen Abgrund.

(Falkner)

Über die Kaser zur Martin-Busch-Hütte

Die verfluchte Alm

Vent		Hohler Stein		Kaser		Martin-Busch-H.	3¾-4 Std. ca. 600 Hm
	↗ 1 Std.		↗ ¾ Std.		↗ 2 Std.		
1895 m		ca. 2050 m		2150 m		2501 m	

Ausgangspunkt: Vent.
Gehzeit / Höhenunterschied: Hin und zurück ca. 7 Std., ca. 600 Hm im Auf- und Abstieg.
Wegbeschaffenheit: Bequeme, breite Bergwege.
Einkehrmöglichkeit: Martin-Busch-Hütte.

Dieser Weg ist neben dem in der Tour 27 vorgestellten Weg durch das Rofental und zum Hochjoch der zweite uralte Kult- und Kulturweg im Bereich Vent, gesäumt und begleitet von vielen Sagen und altertümlichen Geschichten. Seit dem spektakulären Fund des Ötzi im September 1991 haben mehrere ur- und frühgeschichtliche Forschungen den Nachweis erbracht, dass dieses Gebiet insgesamt seit ca. 10.000 Jahren von menschlicher Nutzung geprägt ist.
Die erste Sage im Niedertal berichtet von einer verfluchten Alm. Die Kaser gilt gemäß der mündlichen Überlieferung als „Alt-Vent“ und somit als Vorgängerin des heutigen Vent.

Vent mit der Thalleitspitze und dem „heiligen“ Berg Similaun

Die verfluchte Alm

Von Vent eine Stunde im Niedertal drin heißt man es bei der „Ochsenhütte". Es ist eine verlassene Hütte, denn ein Unsegen ruht auf dieser Alm. Das Dach ist schon lange fort und nur die Mauern stehen noch als Zeichen, dass hier einst eine blühende Alm war. Rechts und links türmen sich Felswände, grünes Gletschereis lugt von oben herab. Doch hier bei der Ochsenhütte ist grüner Weideboden. Aber keine Kuh kann hierher getrieben werden, so oft es auch versucht wurde, denn diese Alm ist verflucht.

Und das kam so: In uralten Zeiten war hier eine gesegnete Alm, viel Butter und Käse wurden von hier ins Tal hinab getragen. Da kam einmal eine arme Wanderfamilie durchs Tal herauf, wollte übers Niederjoch ins Schnals weiter und ins Vinschgau reisen. Schlechtwetter war eingefallen und da ist's nicht ratsam übers Niederjoch zu gehen, schon gar nicht mit Weib und Kindern. So bat denn der Vater der Familie beim Oberhirten um eine Unterkunft für die Nacht. Doch der hatte kein Erbarmen, auch nicht die anderen Almleute. Sie verspotteten sogar die armen Häuter, bis endlich der Schäfer sie mit harten Worten vor die Hütte hinausschob: „Bleibts draußen bei den Schafen und Geißen im Stall!" Sie mussten frierend und nass in den Schafpferch. Und in der Nacht geschah es, dass die Familie zu den vier Köpfen noch ein Kleines bekam. Trotzdem jagten die Almleute die schwache Mutter samt ihrem Neugeborenen und den anderen Kindern vor die Hütte. Der Vater verließ mit seiner Familie die harten Leute mit dem Fluche: „So sollt ihr Schäfer bleiben bis zum Gericht Gottes und nie mehr Kuhhirten und Ochsner sein. Das Gras dieser Alm soll kein Rind mehr nähren!"

Und der Fluch ging in Erfüllung. Noch im selben Jahre gingen Kühe und Ochsen, bei 40 Stück, an dem schwarzen Brand zugrunde. Ja, das Niedertal ist eine große Schafalm geworden. Bei 2000 Stück weiden dort. Oft aber sieht man die ehemaligen Hirten als traurige Schatten herumschleichen und hört ihr Jammern. (Falkner)

Als nachgewiesen gilt inzwischen, dass seit mindestens 5000 oder 6000 Jahren Schafe aus dem Süden, aus dem Vinschgau, hierher getrieben werden und dass dieser Teil Tirols vor mehr als 9000 Jahren vom Süden her zuerst besiedelt worden ist. Diese Kulturverbindungen halten bis auf den heutigen Tag in Verbindung mit den Schaftrieben über die Gletscher. Über

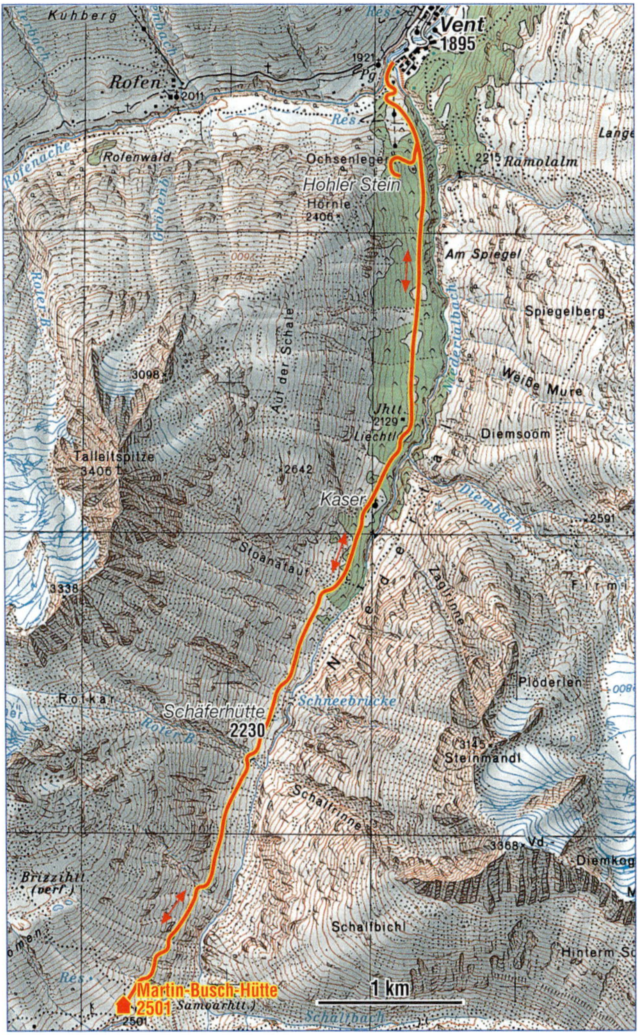

Die Eismandln vom Niederjoch

Die Eismandln oder Eiszwerge sind kaum eine Spanne groß, haben jedoch übernatürliche Kräfte. Sie können sich in Riesen und Menschen verwandeln und auch in Tiergestalt als Bär, Wolf, Luchs und Fuchs auftreten.

Sie verschieben die Ferner (somit will das Volk die Gletscherbewegungen erklären), lassen sie donnern und brüllen. Sie verursachen Schnee und Hagelwetter, lösen Lawinen, rufen Schneestürme herbei, schreiten ruhig darin weiter oder schützen sich unter Schneedächern, die sie mit einem Zauberspruch errichten.

Die Eismandln sehen wie Greise aus. Sie haben langes, weißes Haar, ihr Bart reicht bis zur Erde nieder; ihre blauen Augen blicken traurig. Sie tragen einen graugrünen Anzug; ein breitkrempiger Hut beschattet ihr faltiges Angesicht.

Sie hausen unter einer dichten Eisschicht, ihre Eishöhlen sind durch lange Gänge mit denen anderer Eiszwerge verbunden. In den Eislabyrinthen bewegen sich die Mandln mühelos und behüten verborgene Schätze.

Im Freien sitzen sie gern auf den Gipfeln oder Felsvorsprüngen an der warmen Sonne und bewundern die sagenhafte Eislandschaft mit ihren Fernern und Eiswänden, den Firnfeldern und vielfältigen Gletscherspalten, den scharfgezeichneten Graten und den Gletscherzungen, den Moränen und Lawinen.

Sie errichten selbst Eistürme, Kuppeln und Eiszapfen. Oft bewirken sie Nebel und Sturmwolken und breiten sie pustend über die Ferner aus. Sie lösen donnernde Lawinen und bauen die gefährlichen Gletscherbrücken, welche die Spalten unsichtbar machen.

Wie die Saligen und die Waldfeen sind auch die Eiszwerge meist gut und großzügig. Sie gelten als Beschützer der Unschuld und Treue, bestrafen jedoch die Verbrecher und die Bösen gar hart. Flüchtet ein Mensch, der eine schwere Schuld auf sich geladen hat, in ihr Eisreich, so entfesseln sie einen Schneesturm und schleudern den Unglücklichen von einer Gletscherbrücke in einen tiefen Gletscherspalt, wo er den weißen Tod, die kalte Pein der Legende, erleiden muss. Den Guten gegenüber sind sie hilfsbereit und freundlich. Sie weisen ihnen den Weg, wenn sie sich in der weißen Einsamkeit verirren, und führen sie oft bis auf die Hochalmen; bricht ein Wanderer halb erfroren oder verwundet zusammen, so tragen sie ihn bis zum nächsten Hof und übergeben ihn der Bäuerin; stirbt jemand an der Kälte oder an einem Sturz, so tragen sie ihn zu Tal und bestatten ihn im Friedhof. (Merci)

das knapp über 3000 Meter hohe Niederjoch bei der Similaunhütte werden jährlich etwa 1600 Schafe getrieben, Mitte Juni herüber und Mitte September retour. Historische Ereignisse von schrecklichen Schneestürmen entwickeln sich später zu Sagen. Eine davon handelt von einem Schaftrieb über das Niederjoch. Eine andere handelt von einem Schneesturm beim Übertrieb über das Gurgler Eisjoch (siehe auch Tour Nr. 29!).

Wegverlauf

Der Weg von **Vent** führt in mit einem kurzen, bezeichneten Abzweig zuerst zum **Hohlen Stein** (mit Informationstafeln und Kupferstele) und dann weiter, immer flach taleinwärts, zur **Kaser,** auch Ochsenleger genannt. An diesem überaus wichti-

Die sagenumwobene Kaser im Niedertal

Die Ötzi-Fundstelle am Tisenjoch

gen Platz ältester Kulte und Kulturen steht eine weitere Kupferstele mit archäologischen Informationen. Taleinwärts kommen wir an der steingebauten Schäferhütte der Schnalser Hirten vorbei (im Sommer von Fortunat und seiner Familie bewohnt) und wandern sanft ansteigend weiter bis zur **Martin-Busch-Hütte**. Rundum empfangen uns alte Berg- und Flurnamen, die nicht gedeutet werden können.

Variante:

Von der Martin-Busch-Hütte in ca. 2½ Std. weiter zur Similaunhütte (3019 m) und von dort in einer guten Stunde zur Ötzi-Fundstelle; am besten als Zwei-Tages-Tour mit Übernachtung in der Similaunhütte.

Die Ötzi-Fundstelle am Tisenjoch

Oberhalb der Similaunhütte (3019 m) befindet sich am Tisenjoch auf 3210 m Höhe die Fundstelle des „Ötzi", wie die geschichtemachende Gletschermumie des „Homo tyrolensis" liebevoll genannt wird. Ein gut markierter, teilweise mit Seilen versicherter Felspfad führt heute dorthin. Die Stelle ist mit einer Steinpyramide und Informationstafel markiert. Über das Tisenjoch verlief einst ein viel begangener Übergang, der „Unsere Frau in Schnals" mit Vent verbunden hat. Heute führt der Weg über das Niederjoch.

Zum Wilden Mannle, 3023 m

Das eifersüchtige Bergmandl

Vent	Wildes Mannle	Breslauer H.	Rofen	Vent	
↗ 3½ Std.	↘ 1 Std.	↘ 1½ Std.	↘ ½ Std.		6½ Std. 1130 Hm
1895 m	3023 m	2844 m	2011 m	1895 m	

Ausgangspunkt: Das Bergsteigerdorf Vent.
Gehzeit / Höhenunterschied: Ca. 6½–7 Std., 1130 Hm.
Wegbeschaffenheit: Bezeichnete Bergwege.
Einkehrmöglichkeit: Breslauer Hütte und mehrere Lokale in Vent.
Hinweis: Es ist möglich, den Lift nach Stablein (2360 m) zu benutzen, damit spart man sich 1 Std. Aufstiegszeit.

Das Wilde Mannle gehört zu den reizvollsten „Wander-Dreitausendern" in den Ötztaler Alpen, vor allem wegen der uneingeschränkten Sicht auf die dominierende Wildspitze und die Eisgipfel des Ramolkammes sowie auf die Gletscherbrüche des nahen Rofenkarferners.

Wegverlauf

Der Anstieg führt von **Vent** über Hänge und breite Rücken zuerst auf die Schulter (2820 m) des Wilden Mannles und dann weiter über Gras, Geröll und etwas Blockwerk auf den

Am Gipfel des Wilden Mannle

Das wilde Mannl

Es gelang im Jahre 2004 anlässlich der Erforschung der Geschichte rund um den „Gletscherpfarrer" Franz Senn (1831–1884), dem maßgeblichen Mitbegründer des Deutschen Alpenvereins, im Landesmuseum Ferdinandeum in Innsbruck einen handschriftlichen Bericht von knapp 32 Seiten zu entdecken, benannt als „ Bericht über Vent" (von ca. 1871, im Landesmuseum Ferdinandeum in Innsbruck unter der Inventar-Nr. FB 12.178 erfasst). Darin befindet sich eine Sage, die bisher nirgends in der Tiroler Literatur und in einschlägigen Sagensammlungen veröffentlicht wurde:

Wo jetzt das „Wilde Mannl", der östliche Ausläufer eines Armes von der Wildspitze gegen Vent, liegt, hauste in alter Zeit jahraus, jahrein ein wildes Mannle / Gnome. Dasselbe kam während des Sommers täglich in der Früh halbwegs zu den Rofenhöfen herunter, wo es die von diesen Höfen hinaufge triebenen Kühe und das Mittagessen abholte. Für diese Spendung von Seite der Rofnerbauern hütete es den ganzen Tag die Kühe und brachte selbe gegen Abend wieder an dieselbe Stelle zurück, wo es sie in der Früh abgeholt hatte, ging aber nie zu den Rofenhöfen herunter. Bloß am Schlusse des Sommers im Herbst ist es jährlich einmal herabgekommen und empfing von den dankbaren Bauern zum Lohn ein neues Gewand. Dieses habe so viele, viele Jahre lang fortgedauert, das Mannle sei nach Empfang des Kleides sogleich wieder zu seiner Wohnung zurückgekehrt und niemand wußte, wo selbes im Winter bleibe.

Da kam nun wieder ein Herbst und die Rofnerbauern hatten es mit dem wilden Mannle in dankbarer Anerkennung seiner Verdienste um das Viehhüten so gut gemeint und ihm wieder ein neues recht schönes Kleid, aber diesmal von grüner Farbe bereit gehalten. Siehe da! Das Mannle nahm herzlich betrübt das grüne Kleid, ging davon und seines Weges, kam aber seitdem nie mehr. Die Rofner mußten von da an während des Tages ihre Kühe selbst hüten.

(Senn, ca. 1872)

„Vent im Venterthale, gegen Norden“, Ch. Brizzi

„weiträumigen“ **Gipfel**. Wer will, kann den Anstieg mit dem Lift nach Stablein verkürzen.
Im **Abstieg** wird der Weg über die **Breslauer Hütte** empfohlen. Bei dieser Überschreitung können die wilden Abbrüche des in früheren Jahren berüchtigten und gefürchteten Rofenkarferners erlebt werden. Von der Breslauer Hütte führt der Weg hinab nach **Rofen.** Von dort talauswärts nach **Vent.**

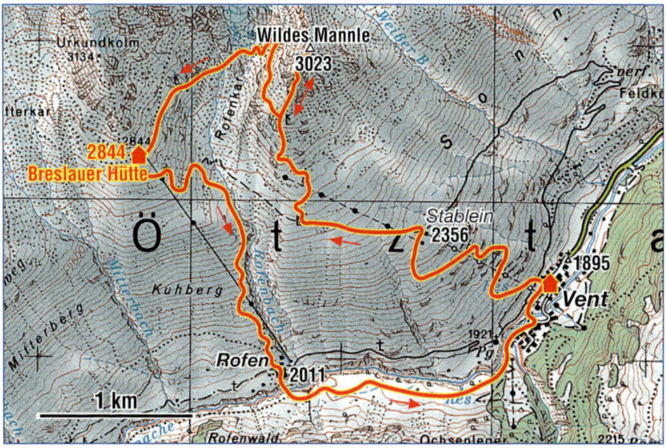

Das eifersüchtige Bergmandl

Ein Bauer auf Rofen hatte ein schönes Töchterlein, das oft die Schafe des Vaters weit droben auf den Bergmähdern hütete. Da gesellte sich manchmal ein kleines, putziges Mandl zu dem Mädel, das gar freundlich mit ihm plauderte, … und dem Hirtenmädchen beim Hüten und beim Schafe suchen half, wo es nur konnte. Auch wurde das Rofnermädel vom Männlein oft und dringend eingeladen, doch mit in sein Haus zu kommen. Das Mädchen aber traute dem Männlein trotz seiner Gutherzigkeit nicht und wusste immer wieder eine Ausrede. Nach einigen Jahren, als aus dem Mädchen eine blühende Jungfrau geworden, reichte sie ihre Hand einem ehemaligen Knecht des Vaters und bezog ein eigenes Heim in Vent.

Das Männlein kam noch oft auf die Alm und suchte vergebens das Mädchen, dem es sein ganzes Herz geschenkt. Als das Mandl nun einmal von Hirtenbuben erfuhr, dass das Mädchen geheiratet habe und nach Vent gezogen sei, da schäumte in dem Zwerg wilde Eifersucht auf; er wurde von nun an zu einem furchtbaren Plagegeist auf der Alm des Rofners. Oft verjagte das Mandl das Vieh schon zur Mittagszeit von der Weide, trieb auch im Stall des Rofners allerlei Unfug, legte Feuer an das eingebrachte Heu und war durch keine Gewalt zu bändigen, zu vertreiben oder zu fangen.

Da bat der Rofner seine Tochter, doch selbst einmal das Männlein zu besänftigen. Sie trieb also eines Tages wieder die Schafe auf die Alm und brachte in dankbarer Erinnerung an die Wohltaten, die ihr das Bergmännlein einst erwiesen hatte, als Geschenk ein neues lodenes Röcklein mit.

Als das Mandl die Rofnertochter wiedersah, schmolz das Eis des Zorns und der Bitternis von seinem kleinen Herzen. Das Männlein näherte sich zutraulich der jungen Frau, gab ihr die Hand und war ganz glücklich, wieder bei ihr sein zu dürfen. Als ihm aber nun das Röcklein als Geschenk angeboten wurde, wandte sich das Mandl ab, schlug schluchzend die Händchen vor das uralte Gesicht und schritt dem Berg zu. Von dieser Stund an war das Männlein verschwunden, und nur die Erinnerung daran lebt noch in dem Namen der Bergspitze „Das Wilde Mandl". (Falkner)

Mutsbichl und Ramolalm

Der irrende Jäger (Onanä und Dananä)

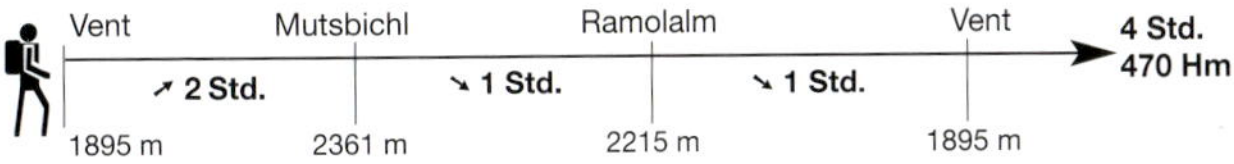

Ausgangspunkt: Bergsteigerdorf Vent.
Gehzeit / Höhenunterschied: 4 Std., ca. 470 Hm.
Wegbeschaffenheit: Gut markierter Steig.
Einkehrmöglichkeit: Mehrere Gh. und Hotels in Vent.

Anlässlich des Aufstiegs auf den Mutsbichl oberhalb Vent und der überwältigenden Aussicht auf die umliegenden Gletscherberge und Ferner können die alten Sagen von den versunkenen Städten in den Gletschern lebendig werden. Mehrfach werden in den Ötztaler Alpen, wie in vielen Gletschergebieten der Erde, Geschichten überliefert, die vom Untergang einer Alm oder eines Dorfes oder gar einer Stadt berichten. In der Sagenwelt des Ötztales befindet sich eine solche Stadt unter dem großen Gurgler Ferner und sie heißt Tanneneh. Für die Bewohner des Langtauferer Tales liegt diese Stadt unter dem Langtauferer Ferner und heißt Onanä. Für die Bewohner des Schnalstales liegt diese Stadt unter dem Vernagtferner und heißt Dananä. Die Stadt kann auch unter dem Grafferner liegen. Die Matriarchatsforscherin Heide Göttner-Abendroth hat bestätigt, dass allen drei Städten die Namen „Dana“ bzw. „Ana“ oder „Anna“ zugrunde liegen und es sich also um alte Kultstätten der uralten europäischen Göttin handeln könnte. Weitere Forschungen dazu werden vielleicht mehr Licht in diese geheimnisvollen Geschichten bringen. Sicher kann als Kern angenommen werden, dass unter diesen Fernern ehemalige Almen oder Weiden liegen.
Hier folgt als Beispiel für alle anderen Sagen unter dem Titel „Der irrende Jäger“ die am meisten ausgeschmückte Sage. Wer den erst jüngst als Kultplatz entdeckten Mutsbichl genauer betrachtet, wird auch die Schalen an einem Felsblock am höchsten Punkt bemerken – ein Schalenstein mit rätselhaften Bezügen zu ältesten Kulturformen!

Schalenstein auf dem Mutsbichl

Wegverlauf

Von **Vent** führt der markierte, großteils durch den alten Zirbenwald führende Steig bis über die Waldgrenze und bis zur markanten Kuppe **Mutsbichl**. Auf dem weiteren Weg zur **Ramolalm** wurden mehrere Schalensteine gesichtet. Von dort auf bezeichnetem Weg wieder nach **Vent** zurück.

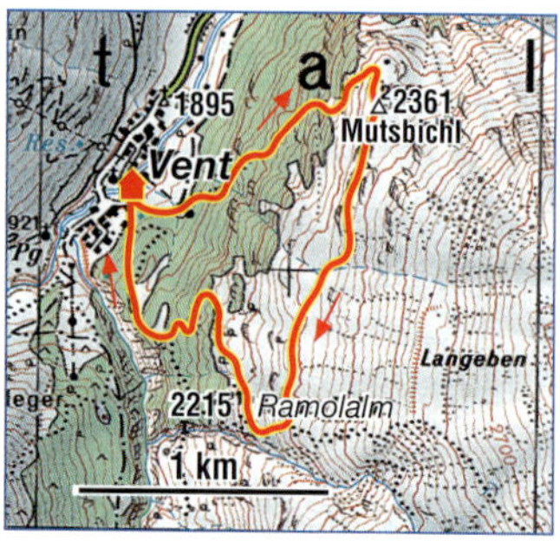

Der irrende Jäger (Onanä und Dananä)

In der Nähe der Stadt Onanä, genau an der Stelle, die jetzt der Vernagtferner mit seinen Massen ewigen Schnees und Eises bedeckt, stand, wie die Sage berichtet, einst noch eine zweite prachtvolle Stadt, Dananä genannt. Auf einer weiten, üppig grünenden Hochebene, die nur im Norden von den steil abfallenden Kristallwänden der Ötztaler Gletscher, im Süden aber von sanften, anmutigen Rebhügeln begrenzt war, ragten stolz und gebieterisch ihre mächtigen Mauern und Türme empor, die aus schneeweißem Laaser Marmor gehauen waren und mit ihren vergoldeten Toren und Zinnen die Macht und den Reichtum ihrer Bewohner verkündeten. Diese waren jedoch ein in alle Laster und Gräuel des Heidentums versunkenes Volk. Beherrscht von einem König, wild und gewalttätig wie sie selber, führten sie, wie einst die bestraften Sodomiten, ein wüstes Leben. Auf dem uralten Hof Arlund, unweit des Dorfes Graun, hauste hingegen zur selben Zeit ein frommer, gottesfürchtiger Bauer, der samt seiner Familie und seinem zahlreichen Gesinde mit ganzer Seele der jungen christlichen Glaubenslehre anhing. Des Himmels Segen waltete darum auch sichtbar über seinem Hause. Wackere Söhne und fleißige Töchter waren ihm zu kräftiger Stütze herangewachsen. Obwohl seine Schwelle allen Hilfesuchenden und Notleidenden gastlich offen stand, wuchs doch sein Besitz von Jahr zu Jahr, seine Herden vermehrten sich und die Saaten trugen ihm stets reichliche Ernte ein. Da erschien eines Tages ein seltsames Paar auf dem Hofe. Es war ein alter Harfenspieler mit seiner Tochter, die von einer Pilgerreise nach Palästina in ihre alte Heimat zurückkehrten und um gastliche Aufnahme für die Nacht baten. Der Alte war ein Mann von hoher, ehrfurchtgebietender Gestalt und um sein edles ausdrucksvolles Gesicht wallte ein langer, weißer Bart. Seine Tochter war bildhübsch und ihr Haupt umgab ein voller, blonder Zopf. Voller Begeisterung sangen die beiden den frommen Hausbewohnern ihre Lieder von den Wundern des Heiligen Landes vor und alle lauschten gespannt dem herrlichen Gesange der Jungfrau und dem hinreißenden Harfenspiel des alten Mannes. Mit dem Erwachen des neuen Tages nahm das Paar bewegten Abschied von den gastfreundlichen Bauersleuten und der Greis verkündete: „Wir wollen heute hinauf nach Dananä, um dem gottlosen Volke dort oben Worte des Heiles, der Buße und der Versöhnung zu verkünden, ehe es für sie zu spät wird und die Garben ihrer Sünde reifen." Die Arlunder, die die Verworfenheit jenes Volkes und seines Herrschers kannten, bangten um das Leben des edlen Paares. Der älteste Sohn, ein kühner, kräftiger Jüngling, der als Gämsenjäger wohl vertraut war mit allen Pfaden des Gebirges, erbot sich, sie an die Tore der unheimlichen Stadt zu begleiten. Die zwei nahmen sein Angebot mit herzlichem Danke an. Der Weg durch das wilde Langtauferer Tal war sehr hart und beschwerlich, gar häufig suchte die zarte Jungfrau Stütze bei dem stattlichen Burschen. In seinem unverdorbenen Herzen trieben die ersten Keime der Liebe. Vor den gewaltigen Toren der Stadt angelangt, wagte er in namenloser Angst und Besorgnis die Bitte: „Ach geht doch nicht hinein. Ihr werdet wohl die Steine rühren mit eurem himmlischen Gesange, aber nicht die Herzen dieser Unmenschen." Der Greis jedoch pochte furchtlos mit fester Hand an die ehernen Torflügel, die sich mit dumpfem Geräusch öffneten. Bald standen Vater und Tochter vor des Königs Thron, um den das Volk sich drängte. Mit Inbrunst sang die Jungfrau und des Alten Stimme dröhnte wie mahnender Posaunenton des Weltgerichtes. Doch die Wüstlinge hatten kein Verständnis für die heiligen Lieder und alle wollten sich auf die beiden werfen. Darüber entstand ein heftiger Streit unter dem Volke und hundert wüste Hände streckten sich aus nach Vater und Tochter. Der Greis schauderte und die Jungfrau verhüllte entsetzt ihr Antlitz. In diesem Augenblick brach aber die Stunde der Vergeltung herein. Mit düsteren Wolken umzog sich der Himmel, ein schreckliches Getöse ließ sich vernehmen und im ununterbrochenen Leuchten der Blitze wurde die riesige Gestalt der zürnenden Bergfee sichtbar und ihre Geisterstimme übertonte das Brausen des Sturmwindes und das unheimliche Krachen des Donners:

„Dananä! Dananä!
Weh dir weh!
Schneib zu –
Und aper nimmermehr!"

So rief sie unerbittlich – und, wie Bettflaumen so dicht, fiel der Schnee vom Himmel und die Ötztaler Gletscher schoben sich vor und begruben unter ihren Eismassen die stolze Stadt und ihre sündhaften Bewohner. Als des andern Tages der Sohn des Arlunder Bauern, von Sehnsucht und banger Ahnung getrieben, hinaufstieg nach den Höhen, wo ehemals Dananä gestanden, konnte er sich nirgends mehr zurechtfinden. Dort, wo gestern noch die blühenden Wiesen und das traubenbehangene Rebengelände standen, starrten ihm heute die schroffen Schneewände der Weißkugel entgegen. An der Stelle, wo die goldenen Zinnen der Stadt im Sonnenlicht prangten, ragten öde und traurig zwei Felsentürme in die Lüfte, bedeutungsvolle Wegweiser nach dem Pfad, den alle Pracht und Herrlichkeit der Welt einst geht. Noch heute, so erzählt die Sage, wandert der arme Junge als irrender Jäger auf jenen unwirtlichen Höhen umher, bis die Gletscher einmal zurückweichen und wenigstens das Grab freigeben, das das inniggeliebte Mädchen beherbergt. (Winkler)

Schönwieshütte und Langtaleregghütte

Tanneneh und O Mander, busch, busch!

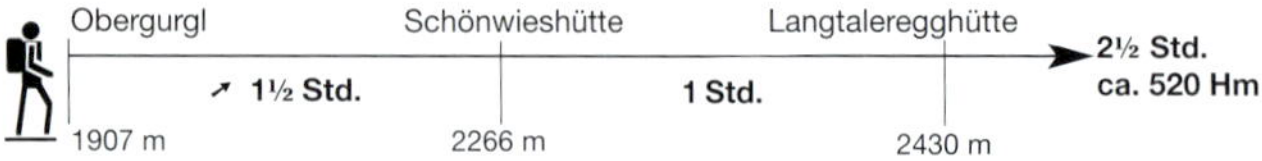

Ausgangspunkt: Obergurgl.
Gehzeit / Höhenunterschied: Hin und zurück ca. 5 Std., 520 Hm. Weiterweg zum Hochwildehaus (2866 m) weitere 3½ Std.
Wegbeschaffenheit: Breiter Fahrweg, unter anderem als Nordic-Walking-Strecke bis zur Langtaleregghütte angeboten. Der Aufstieg zur Schönwieshütte kann auf mehreren gut gekennzeichneten Wanderwegen, die zumeist durch den Gurgler Zirbenwald führen, erfolgen.
Einkehrmöglichkeit: Schönwieshütte und Langtaleregghütte.
Hinweis: Eine eigene Sagenwanderung würde von Gurgl aus zum Beilstein auf ca. 2200 m führen, wo in den vergangenen Jahren eine ca. 10.500 Jahre alte Urzeitsiedlung entdeckt und teilweise freigelegt wurde. Neueste Funde im Jahre 2005 deuten auf die bisher älteste, in diesem Gebiet nachweisbare Nutzung durch Menschen sogar bis ca. 8500 v. Chr. zurück.

Diese Wanderung führt uns unmittelbar ins Sagenreich der Gletscher und der Hochgebirgsgipfel. Unter dem heute stark zurückschmelzenden großen Gurgler Ferner, auch „Großferner“ genannt, liegt der Sage nach die reiche und goldene und ruchlose Stadt Tanneneh. Darüber erhebt sich der Annakogel (3333 m), der wahrscheinlich auch mit der Göttin „Ana“ in Verbindung zu bringen ist. Die zahlreichen Sagen dieser Region künden von den Saligen und der Langtüttin, von den geheimnisvollen Männern im Eis, auch von schrecklichen Untergangsszenarien, beispielsweise von den mehr als 1000 toten Schafen und den elf toten Treibern, die über das Gurgler Eisjoch ziehen wollten. Teilweise wurden historische Gegebenheiten in Sagen und sagenhaften Erzählungen tradiert. Die historischen Fakten zur folgenden Sage konnten allerdings noch nicht geortet werden.

Wegverlauf

Dieser vielbesuchte, gut markierte und wichtige Kulturweg führt zuerst durch das Naturdenkmal Gurgler Zirbenwald,

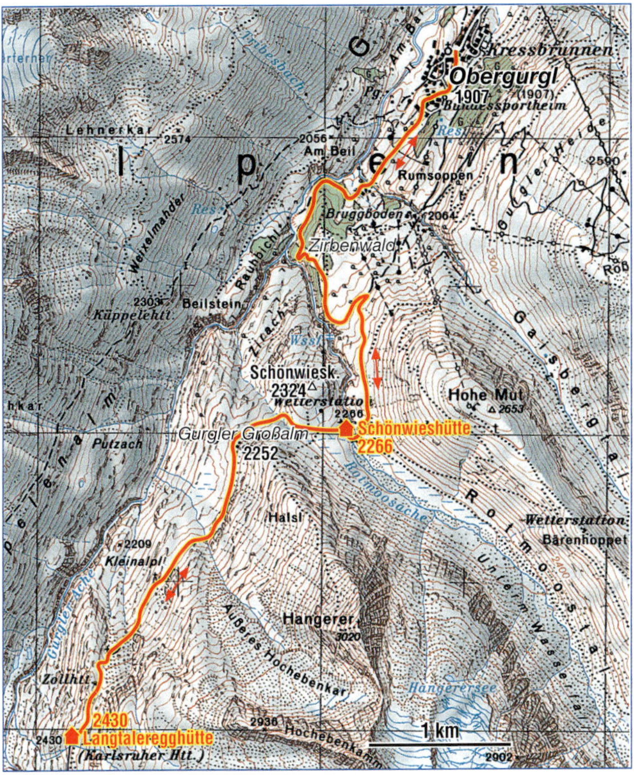

dann an mehreren sich immer verzweigenden Wegen zur so genannten „**Kaser**“, einem Hochmoor und zugleich einer archäologischen Fundstelle. In der mündlichen Überlieferung wird berichtet, dass weit oberhalb von Gurgl und näher dem mächtigen Gurgler Ferner die ersten Häuser gestanden hätten. Dies wird heute durch neueste Forschungen der Ur- und Frühgeschichte bestätigt.

Auf der ersten markanten Kuppe, erst knapp vorher sichtbar, gelangen wir zur privaten **Schönwieshütte**. Knapp eine Viertelstunde später ist die Almhütte der großen **Gurgler Alm** erreicht. Sie dient dem Passeirer Schäfer Alfons Gufler als sommerliche Heimstatt. Er betreut knapp 1000 Schafe, etliche Ziegen und auch Rindvieh. Der Weg führt gut bezeichnet weiter bis zur **Langtaleregghütte**.

Tanneneh

Gar hoch in den sonnigen Bergen Tirols
Stand einst die Stadt Tannen-Eh.
Der Himmel gedachte allein ihres Wohls,
Ihr Reichtum war größer denn je.

Das Erz aus den Bergen, der Ackerbau,
Der Handel, das Handwerk gedieh,
Ein riesiger Turm ragte machtvoll ins Blau,
Weit schwang des Geläuts Melodie.

Und die Bürger, sie praßten und hatten es gut.
Im Tal jedoch herrschte die Not.
Da faßten die Ärmsten zu gehen den Mut
Nach Tannen-Eh, bitten um Brot.

Viel Hunderte zogen hinauf nach der Stadt
Und warteten bange vorm Tor.
Ihrer einige traten gebeugt vor den Rat
Und brachten das Anliegen vor.

Da lachten die Bürger von Tannen-Eh laut:
„Unser Brot ist für Bettler zu gut!
Schert zum Teufel euch fort! Gnade Gott eurer Haut,
Unsre Hunde, die lechzen nach Blut!

He, Stadtwächter, jagt sie zum Tore hinaus!"
Hob da einer der Armen die Hand:
„So verfluch ich euch denn, eure Stadt, euer Haus,
Euer grünendes, blühendes Land!

So wie euer Herz alles Mitleides bar,
Starr und kalt soll, was euer ist, sein!"
„Seid verflucht!" rief der Hungernden bittende Schar,
„Seid verflucht!" die vorm Tor stimmten ein.

Und der Stimmen gewaltiger, drohender Chor
Vermengte sich Wetter und Sturm.
Die von Tannen-Eh schlossen verächtlich das Tor.
Ganz von selbst schwang die Glocke im Turm.

Schwarz sanken die Wolken vom Bergessaum,
Es rieselte, wirbelte Schnee.
Weiß wurden die Gärten, die Straßen, der Baum
Und die Dächer von Tannen-Eh.

Es schneite und schneite den ganzen Tag,
Es schneite der Tage zwei,
Am dritten der Schnee schon in Häuserhöh' lag.
„Zu Hilfe! Holt Hilfe herbei!

Erbarmen, o Himmel! Genug von dem Weiß!"
Die Glocke gab klingenden Ton.
Es schneite und schneite, der Turm fror zu Eis.
O Tannen-Eh, so ward dir Lohn.

Wohin auch das Auge, das suchende, schweift,
In ewiges Eis starrt es nur.
Im Tale der Sommer, er blühet und reift,
Von dir fand kein Mensch mehr die Spur.

(Gustav Brandstätter)

Schafe aus Südtirol weiden auf der großen Gurgler Alm.

Variante

Der etwas beschwerliche Weiterweg von der **Langtaleregghütte** auf das **Hochwildehaus** am „Steinernen Tisch" (2 Std. hinauf und ca. 1½ Std. bergab) führt in die weite, in die riesige Gletscherwelt des großen Gurgler Ferners.

O Mander, husch, husch!

Jährlich zieht von Schnals herüber Mitte Juni eine Herde von über 1000 Schafen auf die große Alm zu Gurgl auf die Weide und kehrt im September wieder dahin zurück. Einmal sind Schnalser in Hemdärmeln nach Gurgl gekommen, um ihre Schafe wieder heimzuholen. In der Nähe von Obergurgl begegnete ihnen eine alte Hexe, die war im warmen Sonnenschein mit dickwollenem Wintergewand angethan und zitterte vor Kälte, dass ihr Mund nur so papperte. Als sie die Schnalser sah, hauchte sie in die dürren Hände und rief: „O Mander, husch, husch!" Die Schnalser lachten. Am nächsten Tage gieng der Schaftrieb richtig über den Ferner, wurde aber von einem Schneesturm überfallen und 1300 Schafe giengen zugrunde nebst den Schnalsern, die dabei waren, bis auf zwei der letzteren. (Heyl)

Von Obergurgl ins Königstal

Der wilde Mann und die Langtüttin

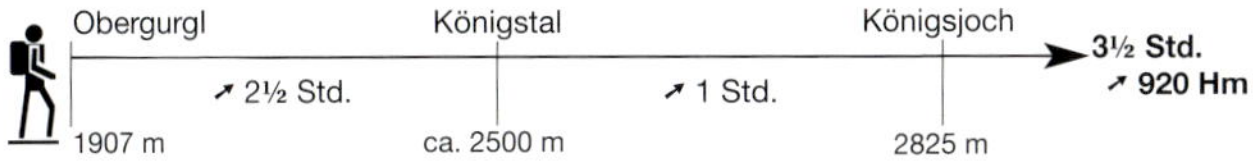

Ausgangspunkt: Obergurgl.
Gehzeit / Höhenunterschied: Hin und zurück ca. 6 Std., ca. 920 Hm.
Wegbeschaffenheit: Durchwegs bequem angelegte Höhenwanderwege, gut gekennzeichnet und markiert.
Einkehrmöglichkeit: Nur in Obergurgl.
Hinweis: 1. In der Tourismusinformationsstelle Obergurgl-Hochgurgl erhält man fundierteste Informationen zu den Kult- und Kulturwegen des Gebietes, u. a. die neue Wander- und Panoramakarte mit Wegbeschreibungen Deutsch und Englisch, 1 : 25.000, einschließlich des Abdruckes einiger Sagen und der archäologischen Wege.
2. Der Weg auf das Königsjoch und dann weiter ins hinterste Passeier absteigend wird von den Wanderführern des Tourismusverbandes Obergurgl-Hochgurgl als „Schmugglerweg“ angeboten, und zwar in sachkundiger Begleitung des Wanderführers Albert Zwischenbrugger.

Der Weg ins Königstal führt uns hinauf zu den Stätten, wo der Sage nach die Saligen oder die ersten Siedler dieser Region gehaust haben. Christian Falkner berichtet in seiner Schilderung „Gurgl in alten Zeiten“ davon. Wir haben die geschilderte Stelle gesucht und möglicherweise auch gefunden. Vom Königsjoch über die Grenze schauend, hinab nach Südtirol, sind wir an eine der merkwürdigsten Sagengestalten erinnert, die in drei verschiedenen Versionen in der Sagenwelt der Ötztaler und Stubaier Alpen präsent ist, sonst nirgendwo in den Alpen: die geheimnisvolle Langtüttin. Die drei bekannten Sagen berichten über diese geheimnisvolle Frau mit den langen Brüsten. In der Variante, die am Niederjoch angesiedelt ist, muss die Langtüttin „ewig auf dem Ferner sitzen“, zur „Fernerhut“, bis zum Jüngsten Tag.
In diesen Sagen treffen sich Erinnerungen an älteste Überlebenskulturen mit der Weisheit jahrtausendealter Erfahrung. Dokumente von archetypischer Schönheit und Klarheit und tiefer, zeitloser Symbolkraft.

„Gurgl von den Berghöfen aus mit den Gletschern“, Ch. Brizzi

Wegverlauf

Von **Obergurgl** führt ein Steig, anfangs als „Ötztaler Jungschützenweg“, zur Brücke am Eingang des **Königstales**. Die Stelle mit der Steinsetzung, also den Mauern und der vermeintlich ehemaligen Stätte der wilden Frauen oder der Erst-

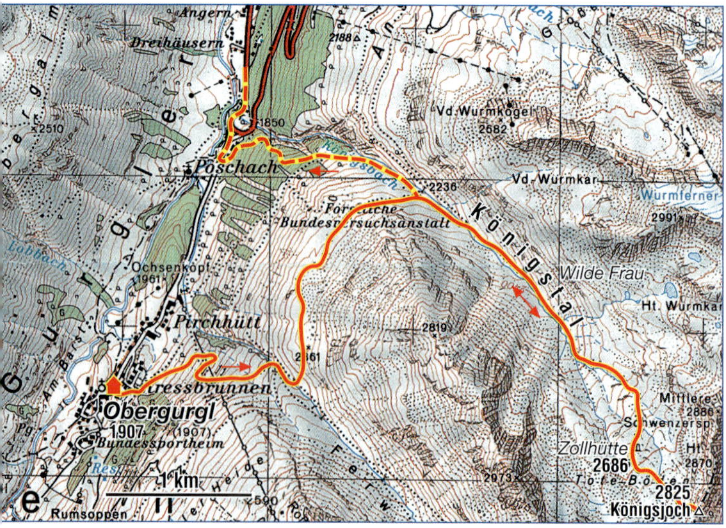

siedler dieser Region, ist schwer zu erkennen. Hilfreich ist vielleicht das Foto. Der aus Sölden gebürtige Christian Falkner hat in seiner Sagensammlung davon berichtet. Von dort weiter führt der Steig flach durchs Tal hinein zur **Zollhütte** und weiter zum **Joch**. Steil und gefährlich abfallend geht es übers Königsjoch in das Passeiertal. Einst war es ein beliebter Schmugglerweg, der in der Gegenwart wieder als touristische Attraktion von den Gurgler Wanderführern angeboten wird.

Die Langtüttin

Abb. 23 Die Langtüttin

Die Langtüttin, von ihren langen Brüsten so genannt, war ein hässliches Weib, das den Kindern nachlief und ihnen die Brüste bot, aus deren einer Milch, aus der andern Eiter floss. Einst lockte sie ein Knäblein von acht Jahren zu sich und gab ihm ihre Brust, bereitete ihm ein Lager und fragte es: „Michele, willst du Nockelen essen?“ Als das Kind die Frage bejahte, nahm sie unter einem Steine den schönsten Teig hervor und kochte ihm damit die besten Nudeln. Sie hatte auch ein gar wundersam ausgeschmücktes Kämmerlein und eine kleine Küche mit herrlichem Geräthe. Das Kind musste einige Tage bei ihr bleiben. Als es sah, dass es nicht leicht weggelassen würde, stellte es sich, als ob es auf die Seite gehen müßte und gieng von der Langtüttin fort. Dann hüpfte es behende über den Zaun, dort, wo die Spalten ein Kreuz bildeten. Da war sie schon hinter ihm, erwischte es beim Rockzipfel, den sie davon riß. Es lief über Stock und Stein davon, denn sie konnte ihm wegen des Kreuzes nicht mehr folgen. Die Langtüttin hatte auch ein kleines frisches Mädchen bei sich, das spitzige Schühlein trug, deren Spuren man heutzutage noch sieht. (Zingerle)

Gurgl in alten Zeiten

Bei der sagenhaften Stätte im Königstal, wo einst wilde Frauen gewohnt haben sollen.

Droben im Königstal, wo man übers Joch zur Seeber Alm ins Passeier übergeht, sieht man heute noch in der Mitte des Kares einen kleinen Bühel aus großen Steinen. Da soll einst eine gut eingerichtete Höhle gewesen, in der wilde Fräulein gehaust haben. Oder haben sich die ersten Ansiedler als Hirten und Jäger dort aufgehalten? Die ersten Bewohner des hinteren Ötztales sind über die Jöcher aus dem Süden, aus dem Passeier und vom Schnalstal gekommen. Sie lebten als Hirten und Jäger und auch als Bergleute hier in den Hochtälern, so im Windach bei Sölden, wo bei „den Bruggern" heute noch, allerdings nur im Sommer bewohnte, Häuser stehen, oder auf Gaislach, wo einst „Rusilena" lustig gehaust hat, in Rofen und endlich in den Hochkaren um Gurgl. (Falkner)

Es ist das einsamste von allen Seitentälern des Gurgler Kammes und wohl gerade wegen seiner Einsamkeit hat es die Volksphantasie mit sagenhaften Gestalten bevölkert. In der Mitte des Thales, so meldet uns die Chronik, welche der ehrwürdige, um Gurgl hochverdiente Curat Trientl hinterlassen hat, da wo noch ein kleiner Hügel mit großen Steinen zu sehen ist, sei eine Höhle gewesen mit guter Kücheneinrichtung. Dort haben wilde Fräulein gehaust. Man sah sie im Sommer öfters herausgehen auf die Heide und wie weiland Loreley auf dem Rheinfelsen, so saßen die wilden Fräulein auf dem Kostbödele unterhalb des Königskogels und kämmten ihr goldenes Haar. Ob sie aber auch gesungen, und dadurch schwärmerische Jünglinge ins Verderben gestürzt haben, darüber schweigt die Sage. (Falkner)

Dank

Mein Dank gilt den privaten Besitzern der Originale von Charles Brizzi für die Abdruckgenehmigung in dieser Publikation sowie mehreren Wanderführern des Ötztales, insbesondere Helga Marberger in Umhausen, die an den Wegen 5–11 mitgearbeitet hat.

Literatur zu Sagen und Geschichten aus dem Ötztal

Franz-Josef GSTREIN: Überlieferte Begebenheiten aus dem Ötztal in Tirol. Ötz, 1929

Adolph SCHAUBACH: Die Deutschen Alpen. Jena, 1845

Johann Nepomuk Ritter v. ALPENBURG: Mythen und Sagen Tirols. Zürich, 1857

Ders.: Deutsche Alpensagen. Wien, 1861

Ders.: In: Tirolische Monatsblätter. Innsbruck, 1858

Eduard von BADENFELD: Etwas ueber das Öetzthal in Tirol, und insbesondere über die dortige Märchen-Poesie. In: Bothe von und für Tirol und Vorarlberg. Innsbruck, 1825 (nachgedruckt in: Sagen und Geschichten aus den Ötztaler Alpen. Innsbruck, 1997)

Hans HAID: Unveröffentlichte Sagen aus dem Ötztal. In: Tiroler Heimatblätter. Innsbruck, Heft 4–6, 1970

Robert WINKLER: Volkssagen aus dem Vinschgau. Bozen, 1968 (betreffende Sagen zu den Ötztaler Alpen nachgedruckt in: Sagen und Geschichten aus den Ötztaler Alpen. Innsbruck, 1997)

Christian FALKNER: Sagen aus dem Ötztal (alle Sagen nachgedruckt in: Sagen und Geschichten aus den Ötztaler Alpen. Innsbruck, 1997)

Johannes STIPPLER: Volksgebräuche aus dem Ötztal und div. handschriftliche Notizen. Landesmuseum Ferdinandeum. (Kopien über Dr. Hans HAID/Ötztal-Archiv), ca. 1850

Lucillo MERCI: Volkssagen aus Südtirol. Calliano, 1981

PFARRARCHIV LÄNGENFELD, Aufzeichnungen durch Kurat Staudacher von ca. 1845 (Kopien im Ötztal-Archiv)

Johann Adolf HEYL: Volkssagen, Bräuche und Meinungen aus Tirol. Brixen, 1897

Heimatbuch der Gemeinde Sautens, 1986 (Josef Santer und Wolfgang Pfaundler)

www.sagen.at

Karten

Alpenvereinskarten Ötztaler und Stubaier Alpen, 1 : 25.000, Nr. 30/5 Geigenkamm, Nr. 30/3 Kaunergrat, Nr. 31/2 Sellrain, Nr. 31/1 Hochstubai, Nr. 30/2 Weißkugel, Nr. 30/6 Wildspitze, Nr. 30/1 Gurgl

Kompass-Wanderkarte 1 : 50.000, Nr. 43 Ötztaler Alpen

Freytag & Berndt-Wanderkarte 1 : 50.000 Ötztal – Pitztal – Kaunertal – Wildspitze

Mayr-Wander- und Tourenkarte Ötztal, 1 : 35.000

Panorama-Wanderkarten zu den Regionen Sautens – Oetz – Ochsengarten – Kühtai, Längenfeld – Gries – Huben – Umhausen – Köfels – Niederthai, Längenfeld, Sölden, Obergurgl–Hochgurgl sowie der Folder „Ötztaler Urweg“ sind bei den örtlichen Tourismusinformationen erhältlich.

Schriftenreihe Ötztal-Archiv

1 Sagen und Geschichten aus den Ötztaler Alpen. 1997
2 C. Geitner/A. Göth/D. Rieger: Das Horlachtal. 1999
3 Auf den Spuren des Mannes aus dem Eis. A-Wege. 1998–2000
4 Hans Haid: Natur und Kultur – Sölden. 2000
5 K. Blassnig/R. Schnegg: Natur und Kultur – St. Leonhard im Pitztal. 2000
6 Klaus Karner: Natur und Kultur – Kaunertal. 2000
7 Kurt Scharr: Leben an der Grenze. Grund und Boden im Ötztaler Gebirgsraum vom 13. bis zur Mitte des 19. Jahrhunderts. 2001 (Schlern-Schriften 314)
8 Wenn Berge kleiner werden. Pro-Vita-Alpina-Informationen Nr. 60/61. 2001
9 Walter Leitner: Das Ötzi-Dorf in Umhausen. 2001
10 Hans Haid und Werner Kopp: Ferner-Gletscher-Glacier und Opernschauplatz Gletscher. 2001
11 Planet Alpen 4/5: Ötztaler Alpen. 2002
12 Hans Haid (Hrsg.): Lesebuch Ötztaler Alpen. 2002
13 Planet Alpen 8: Der Mann aus dem Eis/L'uomo venuto dal ghiaccio. 2002
14/15 musica alpina V/VI Ötztaler Alpen. Doppel-CD. 2004
16 Hans Haid: Natur & Kultur Ötztaler und Stubaier Alpen. Mappe der 15 Themenwanderwege Ötztaler und Stubaier Alpen. 2003
17 Franz Senn. Pro-Vita-Alpina-Informationen Nr. 80. 2004
18 Hans Haid: Franz Senn und das Ötztal. Pro-Vita-Alpina-Informationen Nr. 86/87. 2004
19 Onanä – Dananä – Tanneneh. Städte unter dem Eis: Gletscher-Sagen & Ferner-Geschichten. Von Zuhältern des ewigen Schnees. Poesie und Polemik. Planet Alpen Nr. 13. 2005
20 Hans Haid: Erlebnis-Wandern Ötztal. Sagen und Mythen entdecken. 2006

Alle Schriften zu beziehen über das Ötztal-Archiv c/o Dr. Hans Haid, Roale im Venter Tal. A-6450 Sölden, Tel.+43 (0)5254/2733 bzw. A- 6430 Ötztal, Tel. +43 (0) 5266/87 296;
e-mail: haid.roale@netway.at
Internet: www.cultura.at/haid und www.similaun.at

Stichwortverzeichnis

Alle Angaben in diesem Führer wurden sorgfältig recherchiert und erfolgen nach bestem Wissen des Autors. Sollten Sie trotzdem Unstimmigkeiten entdecken, nehmen Autor und Verlag gerne Verbesserungsvorschläge und Korrekturhinweise entgegen (buchverlag@tyrolia.at). Die Benutzung dieses Führers geschieht auf eigenes Risiko. Eine Haftung für etwaige Unfälle und Schäden wird aus keinem Rechtsgrund übernommen.

Bibliografische Information Der Deutschen Bibliothek
Die Deutsche Bibliothek verzeichnet diese Publikation in der Deutschen Nationalbibliografie; detaillierte bibliografische Daten sind im Internet unter http://dnb.ddb.de abrufbar.

2006
Verlagsanstalt Tyrolia, Innsbruck
Umschlaggestaltung: Tyrolia-Verlag, Innsbruck, unter Verwendung eines Bildes von Hans Haid
Titelbild: Die Kaser mit dem Similaun im Hintergrund
Bild Seite 1: „Die Brizzi-Hütte am Kreuzspitzboden“, Ch. Brizzi
Layout: Studio HM, Hall in Tirol
Bildnachweis: Soweit nicht anders angegeben, stammen alle Bilder vom Autor. Abb. Seite 23, 30, 44, 49, 52, 59, 63, 65, 67, 69, 84, 85, 89, 95, 97, 122, 123, 129 von Josef Öfner; Seite 27, 55, 57 aus: M. u. K. Markovits, Auf Wallfahrtswegen in Tirol, Tyrolia 2000.
Karten: Kartenausschnitte sowie die Übersichtskarte auf der Umschlagrückseite © BEV-2006, vervielfältigt mit freundlicher Genehmigung des **B**undesamtes für **E**ich- und **V**ermessungswesen, Wien, 2006/00884
Routeneintragungen: Rolle-Kartografie, D-Holzkirchen, nach Vorlagen des Autors
Lithographie: Athesia-Laserpoint, Innsbruck
Druck und Bindung: Finidr s. r. o., Čseský Těšín, Czech republic
ISBN-10: 3-7022-2734-2
ISBN-13: 978-3-7022-2734-0
E-Mail: buchverlag@tyrolia.at
Internet: www.tyrolia.at